别对孩子说这样的话

李志敏 编著

民主与建设出版社
·北京·

图书在版编目（CIP）数据

别对孩子说这样的话 / 李志敏编著. — 北京：民主与建设出版社，2018.3

ISBN 978-7-5139-1951-7

Ⅰ. ①别… Ⅱ. ①李… Ⅲ. ①人生哲学 – 通俗读物 Ⅳ. ①B821-49

中国版本图书馆CIP数据核字（2018）第024784号

别对孩子说这样的话
BIEDUI HAIZI SHUO ZHEYANG DE HUA

出 版 人：许久文
编　　著：李志敏
责任编辑：王　颂　袁　蕊
出版发行：民主与建设出版社有限责任公司
电　　话：（010）59419778　59417747
社　　址：北京市海淀区西三环中路10号望海楼E座7层
邮　　编：100142
印　　刷：三河市天润建兴印务有限公司
版　　次：2018年4月第1版
印　　次：2018年4月第1次印刷
开　　本：710mm × 1000mm　1/16
印　　张：17
字　　数：130千字
书　　号：ISBN 978-7-5139-1951-7
定　　价：39.80元

前言

PREFACE

世界上没有任何工作比做父母更令人欣慰，从一个生命的孕育，到呱呱坠地、蹒跚学步，再到识字学语……孩子成长过程中的每一步都倾注着父母深深的爱和满满的期望。

父母对孩子的爱因无私而伟大，也因无私而天生具有“强迫性”，他们会不经意地把自己的思想和观念强加给孩子，可以说，世界上没有任何工作比做父母更易犯错，更具风险。此外，现代人生活和工作节奏不断加快，许多人家庭生活十分随意，有时候，爸爸妈妈觉得是一些玩笑话和生气话，只是说说而已，并没有什么意义，要知道，随意使用语言是要付出代价承受后果的。由于孩子的心灵娇嫩而敏感，或许这些话已经在他们心里留下了阴影。因此，不仅孩子需要受教育，父母同样需要改变。

父母对孩子说话要以尊重为基础，讲求语言的艺术。著名发展心理学家皮亚杰曾说过：“请记住，孩子的名字永远叫‘小孩’”，父母可能无意中的一句话就会伤了他们的心。因此，家长要用适合孩子的话语去面对他们，多说鼓励的话，不要讲过于严厉的

前　言

PREFACE

话，绝对不能说一些伤害孩子的话。

四岁的磊磊从幼儿园回到家，流着眼泪向妈妈诉说着自己的委屈，可妈妈却生气地说："你真笨！哭什么哭？哭有什么用？"磊磊一下子扑到奶奶怀里，哭得更凶了。妈妈的话无疑伤害了磊磊幼小的心灵，在这种环境长大，孩子的人格将会受到伤害，自我形象低落，很容易产生行为偏差和人际关系的障碍，未来他很可能会变成一个自卑的人。

美国家庭关系学院针对小学老师做了一次调查，题目是"多少积极的话可以补偿一句消极批评的话"。结果是四句比一句才能平衡。该学院又对父母做了调查，题目是"父母说积极的话与消极的话比例"，结果显示，父母们十句消极的话才抵得上一句积极的话。

在养育孩子的过程中，要留一些时间来爱自己、关注自己，不断完善自己，让自己更有力量去面对挑战，这样才能抛开坏情绪，成为孩子心中的榜样。

第二次世界大战的时候，美国军队中有一些行为散漫，不听指挥的士兵，由于战事紧迫，生命攸关，当局请来了心理学家帮忙。心理学家对这些士兵的要求是，每个月给家人写一封信，信的内容事先由心理学家拟好，大旨是向亲人们讲述自己在前线的英勇事迹，取得的赫赫战绩等。出人意料的是，半年之后，这些“问题士兵”竟然像换了个人，都变得如信中所写的那个勇敢和守纪律的模范士兵了。

是什么力量使他们有如此改变呢？答案是良好愿望的暗示作用。成人如此，何况孩子呢？所以说，父母在教育孩子时，要看到孩子的长处，看到他每一天的进步，哪怕是微小的进步都要给予鼓励，发现优点更加要夸赞表扬，让孩子充满信心，做事情才能更加积极。

今天，年轻的八零和九零后已经为人父母，他们受过高等教育，有着极高的素质和修养，不过，要做合格的父母，还是需要学习的。

孩子是父母最大的事业，是他们的甜蜜，他们的忧伤。如果你希望你的孩子将来有出息，从现在开始，就请谨慎自己的言辞。贬损的话，一句也别说。时刻记住：孩子是你的，但是你无权伤害。

目　录

CONTENTS

第一章

不要直接批评，保护孩子的自尊心

第二章

与孩子平等沟通

第三章

不要敷衍了事，保护孩子的好奇与敏感

第五章

不要伤孩子的心，维护生活中的幸福感

第一章

不要直接批评，保护孩子的自尊心

孩子的自尊心是极强的，即使他的错误必须指出，也应该注意场合，切忌在有其他人在场的情况下对孩子大声训斥，要知道，对孩子人格的尊重更容易使他自觉地认识自己的错误所在。

01 你真是太笨了，这么简单都学不会

王娟是个乖巧的孩子，就是性格有点内向，不太喜欢和同学一块儿玩。王娟的妈妈一直希望把女儿培养成钢琴家，其实这也是想完成她儿时的梦想。所以，尽管生活并不宽裕，但对于小娟每小时100元的钢琴课时费却从来没有皱眉。妈妈常常嘱咐小娟，一定要好好学习钢琴，妈妈的希望都在你的身上了。小娟很懂事，知道妈妈用心良苦，每天都是很认真刻苦地练习着钢琴。不过，学习钢琴并非努力就能学好的，这需要天赋。

这天，小娟的妈妈要求小娟给她弹奏一段简单的钢琴练习曲，可是，小娟的手指似乎不听使唤，老是按错键盘，断断续续地才把一曲演奏完毕。可想而知，妈妈自然很生气。想想自己辛辛苦苦不舍得吃穿地把钱省下来给孩子交学费，可好，练了大半年，居然一首简单的曲子都弹不下来！小娟妈妈脱口说了一句："你真是太笨了，这么简单都学不

会！”说完便走到客厅里去了，留下小娟一个人。

小娟的眼泪像断了线的珠子流个不停，她好想对妈妈说，我已经尽力了，也在用心学了，可是就是学不会呀。我怎么这么笨呢？自此以后，小娟变得越来越内向，越来越不喜欢和妈妈说话……

日常生活中我们常常遇见一些家长，他们总是抱怨孩子学东西慢，一句：“你怎么这么笨，这么简单的你都学不会。”常常挂在嘴边。我们不禁要问，怎么才算是“笨”呢？爱因斯坦4岁才会说话，7岁才会认字。老师给他的评语是：“反应迟钝、不合群，满脑子不切实际的幻想。”他曾遭到退学的命运。可是最后，他却成为了一名伟大的科学家。世上没有愚蠢的孩子，要知道许多人智商虽高，后天发展却是平平而已。父母若常对孩子说“你的脑子不好”，或是“你真笨”，那么对孩子将是一个沉重的打击，他潜在能力的发挥将受到阻碍。

个性要强的孩子最怕别人说他笨，他不明白自己为什么总是出错，学东西这么费劲。也许，多年之后他能证明自己不笨，可当时心里就像压了一块大石头，“你怎么这么笨”从自己父母口中说出来，孩子心里有多么难受！

为人父母者，不知是否被人说过这三个字，或者在心里对自己说过这三个字？如果你知道这三个字的份量，怎么忍心对自己的孩子说呢？小娟或许就是因为妈妈的一句“你真笨”而丧失了仅有的一点自信心，在以后的日子里，或许变得更为内向甚至自闭。

专家建议

孩子犯了错误，父母对其及时批评教育，这是理所应当的。但应注意：不要给孩子贴上“笨孩子”的标签，这样做，极易导致孩子认为自己就是一个失败的人，从此不思进取，最终真的沦为一个失败者。父母给予孩子正确的鼓励和引导，效果会好很多。

每个孩子接受新事物的过程，因其自身的原因，接受程度不尽相同，这一点家长一定要清楚地认识到。因此，家长应学会和孩子沟通，当他们在学习、生活中遇到困难时，要及时地和他们交流想法，帮助孩子找到一些适合他们自身的学习方法，切不可急于求成。

02 看看人家的孩子，比你好太多

丁丁从小喜欢画画，可是不知是没有天赋还是什么其他的原因，他画得并不是很好。但这丝毫没有动摇丁丁学画的心。妈妈觉得孩子如此喜欢一样东西也是件好事，所以，很支持丁丁学画。经常帮他买一些水彩、纸什么的。丁丁很懂事，学习很努力，并不会因为学画而耽误了学习。

不过，这天发生的事情却让丁丁很难过……

学校要举行艺术节，丁丁把自己的绘画作品拿去参加绘画比赛了。尽管他知道自己画得不好，但只要自己的绘画作品能展示给同学们看，那就是一件让人兴奋的事情了。

比赛结果很快出来了，丁丁自然没有得到任何奖项。虽说心里没有抱什么获奖希望，可还是不免有点失落。丁丁回到家里很想和妈妈说说心中的烦恼。谁知，妈妈竟然没有给他任何的安慰，反倒是说了他一番。

原来，妈妈同事的孩子正好也参加了这次比赛，而且拿到了一等奖，妈妈觉得自己在同事面前没有面子，因此把一些气撒在了丁丁身上。

妈妈的话是那样地伤害着丁丁："我真不知道你一天到晚在画些什么？居然连一个名次都没有拿到……"

"你看看人家明明，年前才开始正式学画的都拿了一等奖，你看看你自己，学画都有好几个年头了……"

妈妈的话语可能会让丁丁从此放弃了学画，他会认为自己永远也不会像别人一样画得很好。因为连最亲近的妈妈都完全否定了自己的绘画能力。妈妈或许认为，和明明做比较，可以刺激丁丁，让他更努力一点。可是这样的比较却伤害了孩子。父母应该懂得：人与人之间是不能互相比较的。

很多父母会说一些尖刻的话语，这是不会激发孩子的上进心的，只会让孩子觉得自己比别的孩子差，久而久之，就会丧失原有的自信心，不思进取，放浪形骸。

适当地比较并不会有什么，但当孩子遭受挫折，失意的时候，一定不要拿别人和他做比较，这不但对孩子的上进一点帮助没有，只会激起孩子的逆反心理，产生自卑感，伤害了孩子脆弱的自尊。孩子在这个时候需要的是家长的体谅和安慰。一个微笑或是拍拍他的肩膀，都会让他重新振作起来。让孩子在挫折中坚强地站起来是我们每一位做家长的责任。

专家建议

在家庭教育中，父母千万不要用“人家孩子怎样怎样”来衡量自己的孩子。因为每个孩子都有自己的个性特点，绝不可以用一个标准来要求他们。要根据自己孩子的特点因材施教。要记住每个孩子身上都有值得发掘的潜能。

每个人在情感上都是需要表扬和激励的，特别是孩子受到父母的表扬和激励时，就会勇气大增，信心也会大增。所以，当孩子在学习生活中遇到一些怎么也学不会的东西时，家长不要过于心急，可以详细分析一下自己的孩子是否具有这方面的才华或是天赋，如果没有的话，可以针对孩子的特点学习另外一种适合他的技能。

03 你的字，像蜘蛛爬一样

新华学校要举行一次书法比赛，三年级学生小强也想参加。他花了一个星期的时间把自己的书法作品完成了，这可是从上百幅作品中精心挑选出来的。由此可见小强对这次书法比赛的重视程度。

小强拿着自己的书法作品给爸爸看，希望得到爸爸的鼓励或是夸奖。可是碰巧老爸正在看《新闻联播》，只是草草地敷衍一番，根本没有仔细去看。小强急了，把电视关掉，非得让爸爸认真看看自己写的书法。爸爸有点生气了，他瞄了瞄小强的书法，皱着眉头说道：“儿子，你想听老爸的实话吗？”小强回答：“当然！”爸爸继续道：“你的字，怎么像蜘蛛爬一样，实在太难看了，完全没有美感，我建议你还是别参加比赛了，即使参加了多半也是获不了奖的……”

爸爸的一番话让小强立刻跌进了深深的谷底，小强很难过，他认为自己的字真的写得很难看，因为，连自己的爸爸也这么说。从此，小强再也不练习书法了……

也许爸爸说得对，小强的书法的确写得很难看，可是说出这样刻薄武断的话语，却极大地挫伤孩子的自尊，让孩子失去积极性。为什么不婉转地表达自己的意见呢？

如果适当地鼓励一下孩子，他就不会从此放弃学习书法了，或许他会加倍地努力，日后成为一个书法家也不一定。

不要轻易否定孩子，即使他做得再不好，也不妨试着对他进行鼓励，让孩子满怀信心地继续走下去。并且，对于家长的这份理解与体谅，孩子一定会感激不尽的。

专家建议

当孩子自认自己的书法、绘画或是其他作品很出色的时候，不管这些作品是否真的很好，父母都要第一时间给予孩子适当的鼓励和肯定，因为努力了，就是值得夸奖的。

如果这些作品不尽如人意，家长也要巧妙地给予孩子一些建议，例如这样和孩子沟通：“你的作品很不错，倘若再努力一段时间，相信会变得更完美……”

也可以这样说：“在我看来，这些作品都挺好，我相信，你能做到更好，所以，不要气馁，继续加油啊……”

还可以告诉孩子说：“你做的已经很努力了，如……，但不要灰心，重在参与。而且，只要坚持下去，你终究会做好的。

和孩子说话时，千万不要过于武断，要注意分寸。孩子的心是最脆弱的，家长们一定要牢记这一点。

04 你不听我的话，就别……

于华酷爱打篮球，而且篮球打得很棒。不过，于华的学习成绩很差，为此，于华的爸爸不再允许于华摸篮球了。于华倒也很听爸爸的话，从此不再摸篮球了，虽然偶尔看见同学们欢快地在球场上奔跑心里面会有点难受。

学校正准备举行年级篮球比赛，班里的体育委员非常希望于华能够帮助组建班级篮球队，在体育委员的“死缠滥打”下，于华终于勉强答应了。可是，他重新打篮球的事情却不敢告诉爸爸，因为，他觉得老爸是绝对不会答应他再摸篮球的。

这天，爸爸正好有事去学校找于华，很凑巧，也正好看见于华在和同学们一起打篮球。爸爸火冒三丈，立刻把于华从球场上拉了出来，劈头盖脸地就骂道：“你为什么不听我的话？居然敢偷偷背着我又玩起了篮球，难道我说的话都是耳边风……”

于华的同学都看到了这一幕，于华觉得特别没有面子，生气地跑开了……

于华的爸爸只是因为孩子学习成绩不好，就完全剥夺了他享有业余爱好的权利。当发现于华没有听他的话，再次打篮球时，没有详细问清理由就当着同学的面劈头盖脸地责备孩子，这是非常不好的教育方式。

常听到父母说："你不听我的话，就别……"，这句话里面暗含的意思就是：我是你爸爸（妈妈），我说的话你就要无条件地服从。这根本无视孩子的自尊，而把绝对的权威强加给孩子。

不由分说地责备会引起孩子的反感，甚至有些孩子会产生逆反心理，你让他这样做，他偏不这样做，拒不服从。倘若他们就这样听从父母的话了，他们可以成为父母眼中的乖孩子，但同时也很可能变成毫无主见和无法独立思考的人。

当孩子慢慢长大，会有自己兴趣和爱好，在结果不至于引起一些实质性危害的情况下，对那些实在"不听话"的孩子，父母不妨顺其自然。强迫孩子按照自己的意愿去做，只会激起他们的逆反心理。久而久之，孩子会从心里看不起父母。

专家建议

家长和孩子对话时，尽量多用平等的语气，少用命令式的口吻。父母要把孩子当作独立的主体，在和孩子讲道理时要和孩子处在一个平等的位置。

如果发现孩子真的做错了，也不要立刻以父母的权威加以呵责。应该耐心地引导、启发，让他们自己意识到自身的错误。

家长切不可以威胁的口吻命令孩子，“不要怎样怎样”。可以换一种方式说话：“你这样做可能不对，你要不要听听爸爸（妈妈）的建议呢？”……类似这样的话语完全可以替代那些命令式的口吻，孩子也很容易接受。

05 怎么样都不行，你到底想怎么样

小净明天就要参加学校的歌咏比赛了，可是还没有找到合适的演出服装，所以一个人独自坐在沙发上叹气。这时，妈妈走了过来，问道：“为什么叹气呀？”

小净撅起嘴说道：“明天的歌咏比赛我找不到合适的演出服装……”

妈妈说道：“平时给你买了一大堆衣服，随便挑一件不就完了吗？这点事情还值得在这里闷闷不乐的。”

小净解释道：“老师说，最好不要穿便服上台演出，这样舞台效果不是很好。”

妈妈听罢，就去屋里帮小净找合适的舞台服装了。她找出了3套衣服，都是很漂亮的。当妈妈一一展示在小净面前时，小净还是不太满意这些服装，不停地摇头。妈妈开始有点不耐烦了，小净却还在说：“这件不好，那件也不合适……”

妈妈终于生气了，把衣服扔在沙发上说道：“这件不好，那件又不合适，你到底想怎么样！不就是一个歌咏比赛吗？挑三拣四的！想干嘛？”

小净听到妈妈的话，哭着跑回了自己的房间。

生活中，家长经常会说出“你到底想怎么样，你到底想干嘛”诸如此类的话，伤害孩子的自尊心。

儿童心理研究学者说过，处于成长期的少年儿童，辨明是非的能力虽然不是很强，但他们总是有自己独特的思维方式。他们每做一件事情都有自己的理由和想法。如果家长不耐烦地对待孩子，抱怨孩子不对自己说心里话，就永远也不可能知道孩子心里到底在想些什么。

父母总是以成人的思维方式去评判孩子所做的一切，从而否定他们的想法和做法，这对于孩子的成长是非常不利的。在这个世界上，每个孩子都是独一无二的。父母要学会用欣赏的眼光看待孩子，你越是欣赏他，越是让他感觉到他有力量，他就越有力量，自身潜能得到最大发挥，活出我们所期望的精彩人生。

专家建议

家长首先要学会了解孩子的内心，要学会和孩子进行心与心的沟通，知道什么是他们感兴趣的和想要的。这样，孩子就乐意把自己心中真正的想法与父母一起分享。

父母要了解孩子，就应当在孩子说话的时候表现出好奇、兴趣和热情，鼓励孩子多表达，多与父母沟通。

当发现自己的想法得不到孩子的认可时，切不可不顾孩子的自尊强迫孩子接受。应该尽量把自己的想法向孩子阐述清楚，同时也要倾听他们的想法，互相交换各自的意见想法，这样才有助于孩子的进步。

06 别哭了，一点都不害臊

滔滔是当之无愧的新新人类，喜欢追求最新奇时尚的东西。平时最喜欢听周杰伦的歌曲，是周杰伦的铁杆“粉丝”。凡事都喜欢模仿心目中的偶像，甚至连周杰伦说话、唱歌时的口齿不清都要效仿。

滔滔的父亲自然很看不惯儿子的这种行为，并且常常当着儿子的面说，周杰伦是大舌头，唱歌吐字不清。为了这件事，滔滔经常和老爸冷战。

这天，获悉周杰伦要来家乡开演唱会，滔滔无比兴奋，吵闹着向爸爸要钱买演唱会的门票。可是，演唱会的门票一张要500元，这对于一个普通的工薪家庭来说是很难承受的，所以，父亲坚决地拒绝了他的请求。

滔滔不死心，继续对爸爸苦苦哀求：“爸，就让我看一次演唱会吧，就当是提前给我压岁钱了，求求你了。”

爸爸生气地说："500块！周杰伦也真够黑的！不给，没钱……"

滔滔继续死缠滥打。

爸爸火了，恼怒地说："你给我滚！"

滔滔一听到爸爸的话，马上大哭了起来。

爸爸看到滔滔哭了，并没有哄他，而是接着说："别哭了！一点都不害臊！"

生活中，当孩子提出一些无理要求的时候，很多父母会断然拒绝，然后再给孩子一顿狠狠的批评。因为生气，很多父母可能会一时气急说出一些伤人的话，比如"滚""出去就永远别回来"等等，破坏了亲子关系。当孩子感到委屈哭闹时，父母心头的怒火还没有消散，往往都会补一刀，"别哭了！一点都不害臊！"，结果彻底伤害了孩子的自尊心，更严重的是，有些倔强的孩子，说不定就真的永远不回来了。

当孩子顶撞父母时，威胁或以暴制暴是没有任何作用的，过当的斥责只会令孩子的自信和自尊受到伤害，致使亲子关系恶化，父母与孩子之间变得难以沟通，甚至产生长年冷战的尴尬局面。所以，当孩子犯错误时，父母不要急于指责孩子，而是要聆听、理解和宽容，只有站在孩子的角度，分析孩子的真实想法，才能帮助孩子找到问题的原因和解决问题的方法。

孩子不听话并且喜欢和家长对抗，这往往是一个机会，一个展示父母教育水平和对孩子爱心的机会。一旦父母能够"驯服"孩子，往往能使孩子从此以后面目一新，还会对父母心存感激。

专家建议

当孩子提出一些恳切的要求，但是却有点难以实现的时候，家长首先要做到的是心平气和地聆听他们的想法，而非立刻加以否定或是回绝。

在生活中，适当地允许孩子发发脾气，抱怨抱怨，这并非助长他们的无礼，而是让孩子释放一下心中的不快。同时家长也要及时了解孩子到底有什么不快乐，深入彻底的沟通往往能够收到很好的教育效果。

对孩子的顶撞要宽容一点，凡事不妨从另外一个角度去看，去分析。

07 你在说谎，是不是

婷婷非常喜欢芭比娃娃，自己也想拥有一个，她请求妈妈给她买，妈妈虽然答应了，可是却总是不兑现。

这天，婷婷拿着一个漂亮的芭比娃娃回家。她正在开心地玩这个娃娃的时候，被妈妈看见了。妈妈知道女儿根本没有钱买娃娃，便产生了怀疑，于是便生气地质问婷婷："说！这个洋娃娃是从哪里弄来的？"婷婷本来就对妈妈的食言心存怨气，所以假装没听见妈妈的话，但是她的脸却开始变红了。

妈妈禁不住火冒三丈："你是不是偷拿别的同学的？快说！"婷婷依然默不作声，脸更红了。

"说！偷谁的？"妈妈进一步逼问。婷婷的嘴撅得老高，好半天才说："才不是偷的！"

妈妈还是不依不饶，咄咄追问着："你说谎了，是不是？！说！快说实话！不说我就打你了！"说完，婷婷的脸上就出现了一个"五指印"。此时，婷婷却是不哭不动，怒目而视。

妈妈走后，婷婷才委屈地对爸爸说洋娃娃是借同学的。爸爸打电话问了婷婷的同学，果然是婷婷借的。但妈妈却仍旧不肯松口承认自己错怪孩子："都怪她自己不解释清楚。"

婷婷狠狠地怒视着妈妈，和妈妈冷战了很久……

婷婷的妈妈没有问清事情的原委，就断定孩子偷东西、撒谎，而且根本不给孩子丝毫申辩的机会。这样父母不但失去了一次了解孩子的机会，孩子也会与家长产生隔阂，因为，他们会怀疑自己说的任何话都得不到父母的信任。当孩子认为自己得不到父母的信任时，他们就会拒绝与父母进行沟通，将所有的委屈、心事都埋在心底，这对于心理承受能力差、解决问题能力弱的孩子来说，是相当危险的。

孩子们的谎言一般都是善意的，一部分原因是害怕家长的责骂，还有就是怕父母伤心而被迫撒了谎。虽然撒谎是错误的，但却是孩子不得已而采取的自我保护方式。所以，在判断孩子是否说了谎时，一定要谨慎，切忌不问青红皂白就对孩子下论断，要给孩子解释的机会。

即使孩子出于某种利益驱使撒了谎，作为家长也不应该不顾孩子的自尊，强硬地指出，说些"你说谎了，是不是？谁让你撒谎的"之类的话。因为父母的批评过于严厉，会使孩子产生畏惧的心理，甚至引起孩子的反抗。面对这样的孩子，父母应少些苛责和打骂，多一些反省，设身处地地为孩子着想，尊重孩子，多和他们进行有效的沟通。

专家建议

信任产生力量，没有信任就没有真正的教育。家长首先要信任自己的孩子，才能使教育产生正面的意义。

如果发现孩子偷拿别人的东西，要弄清具体的情况，引导孩子物归原主。或是尽量巧妙地告诉孩子，那是不对的行为，督促孩子主动改正。

凡事都要问清楚原因，切不可随意打骂孩子。

如果孩子真的撒了谎，父母也必须从爱护孩子的角度出发，婉转地指出撒谎的性质和危害，并帮助孩子找出改正的方法。这样做，既达到了批评、教育孩子的目的，也维护了孩子的尊严。

08 真后悔，偏偏生了你

星期六下午，爸爸妈妈去朋友家办事，让晓军一个人待在家里，这可乐坏了他，终于可以“为所欲为”了。爸爸妈妈一走，晓军就高呼三声万岁，然后直奔冰箱，把所有的零食全部拿出来，然后翘着二郎腿在电视前猛吃起来。

晓军长得很胖，所以，平时妈妈都严格控制他的饮食，零食自然更是不让多吃。现在有了机会，他终于可以“翻身当主人”了。晓军窝在沙发上，一边吃一边看电视，不亦乐乎。

不过，“幸福”的时光总是很短暂的，爸爸妈妈提前回来了。妈妈发现晓军居然如蝗虫一般“消灭”了冰箱里面的东西，很生气：“你怎么这样吃东西，有你这样暴饮暴食的吗？”

晓军回应道：“我，我没有吃太多呀！”

不说还好，说了，妈妈更生气，她指着一桌的空袋子说道："你还嘴硬，这是什么！真后悔，偏偏就生了你这样的孩子！"

晓军心里觉得很委屈，不就是吃点东西吗？我就不该出生了吗？他就回喊道："小气，零食都不让吃！哼！"说完，便跑回了自己的房间，还狠狠地关上了房门……

故事里面的晓军的确做得不对，不过，妈妈的处理方式也不对。如果妈妈换一种口吻和晓军说话，也许效果会截然相反："你在帮妈妈清理冰箱吗？先谢谢你了，不过，这些零食要是分好几次吃的话，妈妈会更高兴的。"这样亲切幽默的话语会让孩子很容易接受，并且立刻能体会到妈妈话里的意思，知道自己的不对了。

说话生硬还不是妈妈犯的最大错误，最大的错误在于，将孩子和该不该出生联系起来。这样的胡乱联系，不但会加重孩子的自卑心理，而且还会伤害父母在孩子心中的威信，从而产生情感隔阂。

即使孩子的品性、能力、素质真的因为遗传的原因而比同龄的孩子逊色，父母也不要当着孩子的面说出来。因为如果孩子认为自己之所以差都是因为遗传所致，而遗传又是不能改变的，他们可能就会放弃改进的努力。

别再让"真后悔，偏偏生了你"这样的抱怨严重伤害孩子的心灵了！也许父母只是一句开玩笑式的牢骚，却没想到会给孩子带来怎样消极、不安的内心体验。千万记住，孩子的心思是细腻而敏感的，和孩子说话时一定要用心。父母要经常表达自己对孩子的爱，一个心中充满了爱的孩子，将来定会有美好的心灵和圆满的人生。

专家建议

在批评孩子的时候，最好不要用过于严厉的话语，适当地转换一下语气，让孩子更容易接收你的建议。

当孩子在某方面做得不够好，或有所欠缺时，千万不要随口说：这是因为你爸（妈）的关系，这会让孩子在心中留下以后不努力的借口，同时也降低了父母在孩子心目中的威信。

09 什么都记不住，没长脑子吗

东东的妈妈很爱干净，总是把家里收拾得干干净净。可是，东东却是一个“邋遢大王”，身上的衣服总是脏兮兮的，而且，上完厕所总是忘记洗手。

妈妈希望东东变得讲卫生一点，但是小男孩对于一些生活方面的小细节往往不是很注意，所以，只有每当妈妈唠叨“怎么又不去洗手”时，他才会吐吐舌头，然后才不紧不慢地去洗手。

这天吃午饭时，东东上完厕所又没有立刻洗手，而且还要伸手去抓盘子里面的菜，妈妈看见了，就像看见苍蝇掉进汤里一样，尖叫道：“我告诉过你多少次！上完厕所一定要洗手，吃饭前一定要洗手！什么都记不住，你没长脑子吗？怎么总是讲了不听呢……”

妈妈的一通喊，把东东吓了一跳，孩子像做了很大的错事一般，低着头去洗手了。

很多父母经过多次失望后多会发出这样的怨言：“你没长脑子吗……”其实，这样的批评对孩子没有起到任何教育作用，而且这句话里含着很大的失望情绪，这样的不良情绪会传递给孩子。久而久之，孩子的坏习惯不但没改，也许还会从心底认为“我确实总是这样”而放弃改进的努力。

光靠责骂很难使孩子改变不好的行为，不如向孩子讲明道理，告诉他错误的行为会产生怎样的不良结果，效果会好得多。例如，当东东再次忘记洗手时，妈妈可以这样说：“饭前便后要洗手，这不是老师教过的歌曲吗？不洗手的话，会有很多细菌钻到肚子里面去的，会对身体不好的。”向孩子讲明道理，告诉他讲卫生的好处，孩子就会意识到自己不洗手的习惯的确是不对的，是需要改正的。

幼小的孩子犯错时，父母的责备和批评往往听起来尖酸刻薄，这样的语言会使孩子的自尊心受到伤害。做为父母要懂得赏识自己的孩子，对他们进行赏识教育，这是促使孩子将自身的能力发展到极限的最好方法，也是促使孩子提升自我认知、走向成功的有效途径。

专家建议

批评孩子的坏习惯时，要及时、明确地指出来，哪里做得不对了，应该怎样改正，而不要絮絮叨叨地说些与此事无关的话。

父母不要单纯地批评孩子，要把指出错误的过程变成向孩子讲道理的过程，只有孩子明白坏习惯的危害，孩子才会积极主动地加以改正。

10 就知道玩儿，太不争气了

大力最近迷上了网络游戏，每次放学都直接往网吧赶。为了有钱上网，他连早餐都不吃了。每天心里面都惦念着自己的游戏积分，自然没有心思学习了，原来还不错的成绩一落千丈，这可气坏了父母。

爸爸起初还不知道大力学习下降的原因，后来询问了大力的朋友才知道都是网络游戏惹的祸。爸爸立刻三令五申，要求大力不要再进网吧玩游戏，并且让他写下了保证书。

这天大力提早放学，心想，去偷偷玩10分钟游戏应该不会被老爸发觉的。可是，他一玩上电脑，整个心思都扑在了游戏上面，就忘记了时间，等到回家的时候已是夜幕降临。爸爸很快就知道了大力又去网吧玩游戏的事情，愤怒可想而知。当大力刚进家门，父亲抄起鸡毛掸子就向大力打去，大力疼得直哭。

看到大力哭了起来，爸爸一下子扔了鸡毛掸子，似乎有些懊悔，接着又愤恨地说：“以后还敢去网吧吗？还敢玩游戏吗？这孩子太不争气了！”说完，又打大力的屁股。

大力哭着说：“爸爸，我不去网吧了……再也不敢了。”

爸爸这才把鸡毛掸子放下。

很多家长都认为“大棒”政策对孩子有用，于是，孩子一犯错就揍孩子一顿，然后警告“我看你再敢！”。这句话的言下之意是，你再敢这样干，我会揍死你！这是无视孩子的自尊，把家长的威慑力凌驾于孩子的独立人格之上的错误作法。长时间这样滥用家长权力，强迫孩子服从，不但不会有什么效果，反倒会激起孩子的逆反心理。有些孩子甚至会想：我就是要去试试，让你看看我敢不敢！

有的家长不仅在身体上惩罚，还要加上精神攻击，“这孩子太不争气了！”给孩子强贴一个标签，这样孩子很可能不会积极地改正错误，而是感觉自己就是一个不争气的人，没有出息，长大后，往往会成为一个自卑的人，正如小时候父母说的一样，毫无作为。

真正的教育应该是一种温情的、讲道理的、宽容的教育。所以，如果孩子做错了事，父母不要简单地打骂，一味否定孩子，应该告诉他不允许他做这件事的原因，让孩子明白他的行为是错误的，这样孩子才会主动进行改正。

比如，故事里面的爸爸可以和大力做一个约定：偶尔玩一下游戏是可以的，但不能影响学习，同时也要告诉孩子迷恋网络游戏的危害。孩子总会长大的，总有不再怕父母的时候，所以，父母要让孩子明白道理，这样，孩子的坏毛病才能真正根除。

专家建议

当孩子犯错的时候，父母一定要压住火气，尽量要晓之以情动之以理，要和他们讲道理，让他们明白自己到底错在哪里，而不要简单责骂和责罚。

尊重孩子，不要以父母权威来恐吓孩子。对孩子进行恐吓和斥责不如培养孩子鉴别对错的能力，让他们主动避免错误的发生。

在及时发现孩子犯错的基础上，与孩子一起制定一份改正错误、自我约束的计划，并进行监督。也可以培养孩子有益于身心发展的爱好，分散孩子对不良嗜好的注意力。

11 怎么不叫人，一点礼貌都不懂

媛媛是个害羞的女孩子，从小就比较怕生，见了亲戚长辈，也不知道主动打招呼，每次都是妈妈提醒了，她才会怯生生地叫人。

周末，媛媛和妈妈一起去姥姥家，一路上妈妈不停地嘱咐："到了姥姥家，一定要主动和姥姥打招呼呀！"媛媛听话地点点头。

到了姥姥家，媛媛怯生生地主动向姥姥问了好。可那天正好有个隔壁邻居的老大妈来姥姥家串门，小姑娘看到一个陌生的老太太也不知道应该称呼什么好，所以，就望着老大妈不说话。妈妈见媛媛呆呆的样子，自然觉得面子上过不去，就连忙催促孩子说："快，快叫奶奶！你这孩子一点礼貌都不懂！"

媛媛听到妈妈这样说话，霎时眼圈就红了，心里想着，我不认识这个老奶奶，不知道应该怎么称呼，怎么说我没有礼貌呢？

对于孩子的礼貌问题，父母有时对孩子要求得过于苛刻。有时候孩子不主动与人打招呼，并不是故意的，更不是缺乏礼貌。有些性格内向的孩子常常因为怕生而不敢与人打招呼；还有些孩子则可能因为不知怎样称呼对方，怕说错话而不敢与人打招呼；还有些孩子不习惯用语言打招呼，而乐于使用动作表情，比如对对方微笑来表示友好。所以，对于孩子见面不叫人的行为，父母切忌统统将其归于“没有礼貌”。

当孩子不主动向人打招呼时，父母不应该去批评和责备他，甚至给他贴胆小、认生的标签，而是应该寻找一些恰当的机会，给他们示范社交的礼节。比如多带胆小怕生的孩子参加社交活动，培养他们的胆识和勇敢精神，使之逐渐适应社交场合。最重要的是，如果希望孩子有礼貌，父母先要给孩子树立良好榜样，对孩子使用礼貌语言，在与别人碰面时，要主动向人问好、打招呼，这样孩子自然就会主动与人打招呼了。

专家建议

孩子遇到生人时，可能表达友好的方式不一样，父母不必强迫孩子一定要与人打招呼，要尊重孩子表示友好的方式。

家长应有意识地为孩子提供与生人接触的机会，例如，当有客人来时，家长应让孩子与客人接触，使孩子对客人产生亲切感，一段时间下来，孩子就会主动与客人交流了。

12 别板着脸了，给谁看

苗苗是个爱漂亮的姑娘，特别喜欢梳理头发，经常给自己设计新发型。这天，学校要举行朗诵比赛，苗苗要代表本班参赛。她可兴奋了，一大早就起床给自己设计可爱的新发型。

苗苗把所有的头饰都试了，可总觉得和今天要穿的衣服不搭配。突然，苗苗看见妈妈梳妆台上有一只美丽的发卡，于是便把发卡别在头上，发觉非常适合自己。最后她戴上妈妈的发卡参加比赛了。

苗苗在比赛中表现出色，获得了二等奖。正当她兴冲冲地回到家时，却发现头上的发卡不见了。回到家里，苗苗只好和妈妈说明情况。

但是妈妈却急了："怪不得我找不到发卡，原来被你拿走了，这可好又弄丢了，你知道这发卡有多贵吗？……一个学生，整天想着怎么打扮，你还有心思学习吗？……"

苗苗心里觉得很委屈，自己爱美有错吗？妈妈怎么这么说话呢？

妈妈看见苗苗不吭声，继续说道："说你几句就不高兴了。脾气还不小……"听了妈妈的话，苗苗的泪珠子就像断了线一般掉了下来。

首先，故事里面的妈妈教育孩子的方式很不正确，爱美之心人皆有之。难道孩子就不能爱美了吗？小姑娘喜欢打扮是出于天性。

批评总是让人不高兴的，孩子挨了骂自然也会有情绪，家长应该注意紧接着抚慰才是。可有些家长不但不会这样做，反倒是接着抱怨："说你几句，就满脸的不高兴！别再板着脸了！给谁看啊！"这无疑是火上浇油，助长孩子的反抗心理，使亲子关系陷入尴尬境地。

孩子一旦受到父母这样的责骂，就绝不会承认自己的错误，或是认同父母的批评了。

家长们要记住：责骂总得有个尺度，轻重要拿捏好。本来孩子已经逐渐意识到自己的错误了，却加上一句"别板着脸了，给谁看！"，反倒会激起孩子的逆反心理。

专家建议

对孩子的批评要适度，不要刚刚批评完毕，还没等孩子完全反应接受过来，又像机关枪一样来第二句。

批评孩子后要给予孩子及时的抚慰，千万不要再冷嘲热讽，这会引起孩子的反感和自暴自弃。

相信孩子会改正很重要。批评完孩子，家长不妨说说这样的话："我想你已经认识到自己的不足了，我相信你一定能做好的。"这样孩子就会因为父母对自己的信任而积极主动地改正错误。

批评孩子还要注意，不要唠叨。当你看到孩子已知错了，就不要再没完没了，否则也会让孩子产生抵触情绪。

13 老是考不好，你将来肯定没出息

点点今年刚上初一，可能是还没有适应初中的学习生活，成绩变得很差，每次考试都是全班排名的“垫底”。妈妈很是担心，常常和点点说，这个社会竞争是如何如何的激烈，要是以后考不上大学的话，那么就很难找到工作了。妈妈一心想把点点培养成为一个名牌大学的学生。

点点明白妈妈的苦心，也很努力，可是学习成绩就是上不去。这天，点点把段考的成绩单给妈妈看，这次点点的名次排在全班倒数第3名。妈妈一看就火了，她指着成绩单说道：“你怎么总是倒数？这样下去甭想考大学！”

点点惭愧地低下了头，孩子心里面当然知道妈妈这样发火是应该的，不过她还是忍不住说道：“不一定要考大学的呀！”

话一出口，就被妈妈喝住了：“不考大学？你干嘛？老是考不

好，你将来肯定没出息，就你这成绩，以后只能扫大街去……”

所有的父母都希望自己的孩子有出息，以后能有一份好的工作，出人头地，这本没有错。但每个孩子都有具体的情况，都有自己的想法。父母应该尊重孩子的实际情况，尊重孩子自己的想法，这样孩子在学习时才不会感到压力过大，才会学得快乐、玩得高兴。

如果孩子的成绩与父母的希望相去甚远，父母也不能贬低孩子的能力，并且对孩子的未来枉下定论，说出诸如“你将来肯定没出息”之类的话。这些话不但会伤害孩子的自尊心和自信心，而且还有可能使孩子认为这已经没有希望了，而主动放弃努力。

父母评价孩子是否有出息时，要从长计议。实际上，每个孩子都是有缺点和优点的，我们要多一些宽容与赏识，用发展的眼光看他们，帮助孩子分析落后的原因，并给出应对的方法，不要一棒子打下去，把孩子看扁了。父母对孩子的否定，会让孩子的心态变得消极，从而失去拼搏的勇气和斗志。

在家庭教育中，父母要避免只看成绩单不看孩子努力程度的错误作法，当孩子用心学习时，即使成绩不是很理想也要对孩子进行鼓励和表扬。如果孩子成绩不好，父母应该主动帮助孩子寻找原因，这样才有助于孩子学习成绩的提高。此外，家长在帮助孩子提高学习成绩的同时，更要培养孩子健康的心理和良好的素质。这对于孩子的健康成长更为重要。

专家建议

打骂和讽刺并不能改变孩子不理想的学习成绩，相反，只会使孩子变得更没有信心提高成绩。父母应该对孩子的努力进行表扬，并帮助孩子找到成绩差的真正原因，这样才有助于孩子成绩的提高。

绝大多数的家长都会犯同样的错误，那就是看孩子的成绩时只盯着分数。不要向孩子灌输这种错误的学习目的，告诉孩子学习是为了学到知识，而不是考试。所以，当考试成绩不好时，应该更加努力地学习，而不是因为无法实现父母考好大学的目的而放弃。

14 你这样子，怎么跟人家比啊

听说小小要参加学校的舞蹈比赛，妈妈非常高兴。马上给小小准备了一身漂亮的演出服，还把小小亲了又亲，反复叮嘱她“好好表现，要给妈妈争口气”。

小小是第一次参加舞蹈比赛，不免有些紧张，在台上面红耳赤，把很多舞蹈动作都做错了，而且没有一点节奏感。好不容易表演完毕了，评委们都有点不好意思了，勉强打出几个照顾分，但与其他小选手的分数还是有很大差距。最后，点点的名次是比赛的最后一名。

点点难过极了，她沮丧地回到家，希望得到妈妈的安慰，可是她一进门，妈妈就冲着她喊：“我真为你感到丢脸，你怎么能把舞跳成那样……”

点点小声地回答：“因为，因为我上台后就感到心慌，所以……”

"所以，你就跳成这个样子了？"妈妈抢着小小的话头说道，"你看看人家小玉，你为什么不能像她那样？人家跳得多棒，得了第一名。你总是害怕呀、心慌呀，你还能做什么事情？"

点点委屈地哭了，心里甭提多伤心了。从此以后，小小更加胆小怕事了，就连上课回答问题都尽量回避。

在现实生活中，家长们经常拿自己的孩子与别的孩子进行比较，尤其是孩子做错事情或遭遇失败时，这种比较更加普遍。

家长认为，这种比较可以激励孩子发奋，使孩子看到自己与优秀的孩子之间的距离，从而更加努力，赶上并超过对方。但如果这种比较用的过多过滥，尤其是在孩子失败之后使用，通常并不会起到正面的促进作用。相反，家长的这种尖刻的批评，会使孩子的自信心被彻底击垮，会认为自己比其他孩子相差一大截，因此而产生强烈的自卑，进而放弃努力，认为自己永远是一个失败者，以后做什么事情都没有信心。

每个孩子都有自己的个性，自己与众不同的潜能，不应该做其他孩子的复制品。因此，父母不要经常拿自己的孩子与别的孩子进行比较，更不要因为孩子的一次失败就对孩子进行奚落和讽刺。父母应多了解孩子的特点，尊重孩子的个性，当孩子表现得比其他孩子差，或者遭遇失败时，父母应该做的就是给孩子安慰和鼓励，只要保证自信，找对方法，就一定能够成功。

专家建议

当孩子失败、失意的时候，不要拿别人和他比较，这只会激起孩子的逆反心理和引发他们的自卑情绪，伤害孩子的自尊，对于孩子上进一点帮助也没有。

孩子需要父母的抚慰。一个鼓励的眼神，一个微笑，或是拍拍肩膀，说上一句“孩子没有关系，下次你一定能做得更好，我相信你，加油”此类的话语，会让孩子心存宽慰，会很快从失败的阴影中走出来，从而激发他们的雄心壮志。这样的孩子无论以后再遇到何种困难，都会信心百倍地去积极面对。

帮助孩子找出自己优势的一面，经常加以强调，可以帮助孩子重新建立起对自己的信心，有助于成长和进步。

15 好好学习，其他的都没用

小瑛是个喜欢幻想的女孩子，她总是会用笔记录下自己每天的所见所闻、所思所想，她觉得这样会给自己的生活留下精彩的回忆。由此，小瑛养成了写作的习惯。上了初三，面临即将到来的中考，学习生活越发紧张起来，可是小瑛还是坚持每天创作2000字，这样不免会影响到学习，所以，她的学习成绩开始下降了。

这天，妈妈到学校开家长会，得知小瑛的成绩已经排在了全班的中下游，很是生气。回到家中，直接进入女儿的房间，看到书桌上摆着一摞一摞的手写书稿，自然气不打一处来，随手就把稿子打翻在地。小瑛看到自己珍贵的书稿被妈妈随便丢在地上，很伤心，哭着对妈妈说："您为什么要这样做呢？您知道这些书稿对我有多重要吗？"

妈妈正在气头上，咄咄逼人："不知道！我就知道你这样下去，会考不上高中，考不上大学，然后你这一辈子就都没有出息了。你整天写小说，瞎幻想，会有什么好处！好好学习，其他的都没用！”

面对妈妈的大声叱喝，小瑛一下懵住了，想不到妈妈会这样说话，这样断然否定自己，甚至不给自己解释的余地……

故事里面的母亲对小瑛的教育虽然没有到棍棒相加的地步，但她对孩子人格的无情践踏与伤害却比肉体的伤害更甚！肉体上的伤痛是暂时的，心灵的伤痛却是永远的。

家长要尊重孩子就要维护孩子的人格尊严，倾听他的意见，接纳他的感受，包容他的缺点，分享他的喜悦。有的家长在孩子犯了错误时就不尊重孩子，但尊重孩子应该是无条件的，也就是说这份尊重是对孩子整体的接纳，尤其对暂时后进的孩子，则更要尊重和相信他的价值和潜能。

尊重并不是不能提出严格要求和批评，而是不能利用嘲笑、讽刺、挖苦性的语言来刺激孩子，这属于在践踏孩子人格的基础上批评孩子，用这样的粗暴态度对待孩子，会给他的心理造成严重的伤害，同时会使孩子与父母的感情出现裂痕，造成两代人的感情代沟。尊重孩子的意愿和选择，是当代父母应该特别注意的问题。

专家建议

家长教育孩子学习成长的时候，都要把孩子当作与自己平等的人来对待，切忌不分青红皂白就骂出践踏孩子人格的话来，轻易否定孩子的所有。

孩子应该拥有自己的愿望和选择的权利，而不是必须任何事情都要顺从家长的意愿。如果孩子有不同于父母的意见，家长切不可冷言相加，这样会伤害到孩子脆弱的心灵。只有尊重和善待孩子的心灵才能结出善果。

家长应该多发现孩子的优点和特长，并加以赞扬和肯定，通过鼓励孩子的特长并使之成为孩子进步的启动点，来加速孩子的成长和进步。切不可把孩子的兴趣当成是阻碍学习进步的绊脚石，这样只会使孩子对父母产生更加强烈的逆反心理。要知道，成绩不代表一切，成绩好的孩子不一定会有出息，反而，兴趣是一个人今后成功的重要因素之一。

16 你真让人烦死了

沈洁是一个具有极强的好奇心的小女孩。

有一次她的妈妈带她去看了赛船比赛，这是她第一次见到真实的船，因此她回到家里之后仍然非常兴奋，看见桌子上有饭菜，就把妈妈准备招待客人的菜当成船在玩，结果桌子上是一塌糊涂。眼看客人马上就到了，妈妈这时非常着急，生气说道："客人马上就要来了，你把做好的菜弄得一团糟，你真让人烦死了。"

沈洁听到这句话，心中很是难受，落寞地回到了房间。

在孩子的视角里，这个世界是神秘的，也是神奇的，他们在面对不解的事情时总会打破砂锅问到底："为什么？"这种为什么往往令大人很头痛，但是，这种好奇心却是孩子最宝贵的品质之一。如果一个孩子失去了好奇心，就会觉得周围发生的事情都是正常的，所有的事情都是麻木而平淡的，对于任何事情都提不起兴趣。激发孩子们的好奇心就是让孩子提高兴趣最好的方法，如果孩子的好奇心得到了满足，他就会对生命充满激情。

好奇心是一种对世界的客观反映，它是人们先天就有的。这样的求知欲望是人们特有的本能，人们对新鲜事物的积极探索，也是促使我们不断进步的一个重要因素。

伴随着孩子们牙牙学语声和哇哇的哭啼声，他们在贪婪地汲取乳汁的同时，还渐渐具有了另外一种能力，那就是对周围事情的好奇和关注。其实，我们大人对自己并不知晓或从未见过的事物，也会产生好奇的心态，只不过因为时间的历练让我们见多而不奇罢了。但是对刚刚触碰这个世界的孩子来说，一切都是第一次接触，又怎么能不产生好奇心呢。对于孩子的这种兴之所至的学习，我们不能漠视亦不能心烦，相反更应该满怀欣喜。

每个父母都希望孩子能够多学一点知识，希望他们能博学多才，那我们就不能破坏孩子的求知欲和好奇心，让好奇心和求知欲成为伴随他们一生的伙伴。

专家建议

正是孩子这些带着问号的简单词语，牵引出孩子的学习兴趣。我们应该把握住孩子的心理，及时给予解答和引导，不让这种宝贵的好奇心减弱或消失掉。

语言可以造就一个人，亦可以伤害一个人，过激的语言会给孩子们带来羞愧感，孩子还会因此惧怕受到惩罚。要知道孩子总会犯一些大人觉得不可思议的错误，但是父母们必须记住，孩子们不是故意要这么做的，我们要给他们成长的时间。

17 我对你说过多少次，不要打架

勃勃是个很仗义的孩子，喜欢抱打不平，幼儿园的小朋友都愿意和他玩。

有一天勃勃的妈妈在上班期间突然接到幼儿园老师的电话，说勃勃在幼儿园把小朋友的额头打破了，勃勃妈妈听后立马放下手边的工作赶到幼儿园。在办公室看见小花猫一样的勃勃，和被打破的同学，将勃勃拽过来劈头盖脸就一顿打“我对你说过多少次，不要打架！快和人家道歉。”勃勃憋红了脸，却倔强地不肯出声。

当这件事是自己的孩子做错时，父母要对自己的孩子及时地批评教育，让他明白绝不能再这样做。如果这件事是别人的不对，在批评完孩子后，父母也要告诫孩子，当别人欺负你或者骂了你，你不愿意退步虽然没错，但却不能采用这样的暴力的处理方法。做人是要有自尊的，可不能用别人对待你的不对的方式去回敬别人。好的处理方法有很多，例如和他讲道理，或者告诉老师，家长，让大人告诉他这样做不对。如果这些方法都不行，那么可以远离他，不和他一起玩，直到他认识到自己的错误。

父母们都有这样的经历，对孩子体罚时，孩子都很倔，揍他时他忍着，受不了也会哭，但是表情依然是很倔强，不服气。面对这样的情况，父母可以和孩子共同探讨惩罚孩子犯错误的方法。让孩子意识到，这个原则并不是大人强迫给他的，他自己也是认同的。

首先，父母要让孩子明白，今后面对冲突，不会再打他了，暴力的方式是不对的，是爸爸妈妈的错误。孩子自己为自己制定的惩罚措施，自然会自觉地去执行。采用这种方法在一定程度上也可以培养孩子养成自觉的好习惯。

孩子们有自己的逻辑，当他明白到自己的错误时，他并不害怕大人的批评。反之，他认为不批评他反而是不对的。此时，他们更习惯于等着老师，家长对他们的批评。因此，他也会耐心地接受批评。

当然，我们不能否认的是，也会有一些畏惧批评而掩饰错误并逃避责任的孩子。但是，这很可能是由于以前家长们教育不当引起的。面对这样的情况，家长们就更应该思考怎么教育孩子，是揭穿，是发脾气，是暴跳如雷，还是细心规劝，这都是家长值得思索的事情。

专家建议

面对孩子所犯的错误，家长如果措词过于严厉，会打击孩子的自尊心，甚至可能引起孩子的反弹；但是如果家长批评的力度不大，又不能起到教育的目的。因此，家长要以保护孩子的自尊为原则，中肯而又严肃地指出其错误所在、错误性质和危害，彻底揭穿其借口抵赖的心理，帮助孩子改正自身缺点。

在教育孩子的时候，要让他清楚地知道自己错在哪里，这样做为什么不行，以后该怎样做；要让孩子懂得，自己年龄小，遇到不懂的事应向别人请教，应请求别人帮忙，而绝不能背着大人去做一些力所不能及的事。

18 为什么你不像聪聪那样听话

晚饭过后，妈妈正在厨房洗刷碗筷。这时候电话响了，妈妈走不开，便让朋朋去接电话。

是爸爸打过来的电话，告诉家里今天加班，可能要很晚回去。

妈妈问朋朋“爸爸跟你说什么呀？”。

朋朋大声回答道：“老头子说他晚点回来！”

“你这孩子，怎么没大没小的，回来这么叫你爸爸，看不打你屁股……”说着，有敲门的声音。

妈妈去开门，原来是隔壁田阿姨，田阿姨拿着针线来请教妈妈如何织毛衣的。

妈妈看朋朋还目不转睛地盯着电视，推了推朋朋“快跟阿姨问好。”

“阿——阿——阿嚏！”调皮的朋朋故意做出一副打喷嚏的

样子。

“臭小子！真没礼貌！为什么你不像你班聪聪那么听话”妈妈朝着鹏鹏的背上来了一巴掌。

田阿姨连忙劝道：“没事，没事，小孩子都顽皮！”

妈妈让朋朋回自己房间玩儿，朋朋很听话地过去了。可安静没多久，不是把玩具弄得叮当响，就是来回摔门……

从孩子上学的那一天，家长、老师就在教育孩子要讲文明、懂礼貌，因为这是最基本的德育标准，那为什么有的孩子的表现会距离文明礼貌的标准这么远呢？

当面对老师时，孩子们都表现得十分恭敬，那是因为老师在孩子们的眼中是有威慑力的。

他们认为老师可以决定表扬谁，批评谁，老师决定考试的分数等等。因此孩子力求在老师面前留下好印象，听老师的话，主动地打招呼，使用礼貌用语，以便取得老师的喜欢。

可是当老师淡出自己的视野，面对家人的时候就是另外一幅景象了。许多家长喜欢把孩子“捧”到很高的位置，甚至超过自己，生怕自己的哪些行为让孩子不满意，这样就形成了一个不健康的关系，出现孩子挑剔父母，父母不敢管教孩子的现象。所以有些孩子就不在乎家长对他们的看法，他们自然就不会礼貌地对待家长。

如果在孩子心中家长没有威严之感，就会导致孩子用自己的角度去考虑问题，那样的孩子会变得自我，没有责任感，责任观念很是淡薄，就没有自立、自强的精神。他意识不到对亲人的责任，对社会的责任。因此只有让孩子学会尊敬他人，他才能明白尊重是相互的，从而从

“自我”的圈子里跳脱出来。

专家建议

在与孩子交谈时要注意氛围，表明作为父母是尊重孩子的，然后用正面的语言来引导孩子，告诉孩子在以后类似的情境中希望孩子做到的是什么样子。并适当地对孩子做一些鼓励的承诺，同时也要指出如果孩子做不到又要有什么样的惩罚。

有一些孩子顽皮是因为感觉自己被忽视，因此故意采用不礼貌的行为来向父母表达抗议。当父母面对这样的情况时，父母首先要先承认孩子的存在，然后让他参与进来，让孩子认为他也是可以帮忙的。这样孩子会感到满足，就会更努力地听从父母的要求。

19 你从不听我讲的话

欣欣上了初中后总是喜欢在吃晚饭之后看会电视剧，然后第二天同好朋友分享，可是妈妈认为这完全是耽误学习的行为，所以每次吃完晚饭就马上让欣欣回房间学习，不管欣欣有没有完成今天的学习计划。

有一次欣欣看的一部电视剧马上就要大结局了，欣欣非常想看，那天她在学校很用功地把作业做完，又多做了两份练习题。回家跟妈妈说后，妈妈很是生气："你怎么还不死心，怎么从不听我讲的话，看电视剧多浪费时间，快回屋预习功课。"欣欣很沮气地回了房间，心中暗暗下决定：下次再也不这么努力写作业了，反正写完也不让看电视。

许多家长认为，孩子上了初中就像变了一个性子似的，开始爱顶嘴，不再听父母的规劝，在家里不说话等。专家认为，这是因为孩子进入青春期后由于生理变化而引发的心理变化，国外将其称为"狂躁期""困难期"。

这个时期的孩子心理起伏大，变化大并很难管教。他们遇事时不再寻求父母的帮助，而是开始思考，并形成不成熟的主见，对父母的话开始怀疑。有什么事情，不但不愿向父母吐露，还埋怨父母不理解自己。一旦父母的行为不当，对孩子的表现刨根问底或是漠不关心，就会让孩子产生强烈的反抗情绪。而父母在面临权威危机时，又无法适应并且不愿降低身价，调整对孩子的教育方法，对此孩子便心生抗拒，让家长觉得难以驾驭。

其实孩子叛逆的原因主要是因为孩子的心理无法适应生理上的改变，他们认为自己已经成年了，具有独立性了，自己的事情可以自己做主，可是这种幼稚的独立，在父母眼里就是反抗。当孩子们面对各种压力，比如，由于考试，分数带来的学习压力，由于人际关系带来的集体压力；当生活的无聊情绪，社会和家庭传统教育的一些弊端，阻碍了孩子自身发展的需求时；并且伴随着孩子的自我意识和好奇心不断增强和身边各种因素的冲击，孩子通过表现个性、追逐潮流来满足自我意识和好奇心，这些外界因素往往都会激发孩子潜意识的反抗，刺激孩子对外界采取抗拒行为。

因此作为父母，首先要找出孩子产生叛逆心理的原因，适时沟通，对症下药，帮助孩子度过叛逆期。

专家建议

进入青春叛逆期的孩子，对于外界的认可和尊重格外渴望，尤其是来自父母的赞赏。父母面对青春期的孩子切忌硬碰硬，否则会将孩子的逆反行为升级。对于叛逆的孩子，最重要的是沟通。父母要走进孩子的内心深处，了解孩子到底在想什么。

叛逆期的孩子看似有主见有个性，其实他们很迷茫，很脆弱。他们就像站在十字路口的迷途羔羊，面对周围的诱惑与困扰无能为力，于是就选择任性而为。所以，父母更要对他们展现宽大的胸怀和采取有效的教育方法，让他们知道什么是正确的。

第二章
与孩子平等沟通

从人性上说，幼年期的孩子，青春期的孩子，所有阶段的子女，在人格上与父母是平等的。如果父母在养育的过程中不能保持平等对待孩子的意识和观念，他们也很难培养出具有健全人格的儿女来。

01 做个乖孩子，妈妈求你了

王永是个常人眼里看起来非常“坏”的孩子，为什么这样说呢？他学习非常差，永远都是班里面的倒数第一。课堂纪律也是很差的，经常讲话搞小动作，一直是老师头疼的学生。后来老师觉得这个孩子没法教育了，便彻底放弃了他，把他调到了最后面的座位，尽量让他影响不到其他的学生。这样一来，王永也破罐子破摔了，上课时不是看课外书，就是睡觉。

对于这个顽劣的孩子，王永的父母试遍了所有可用的教育方法。可是，不管是打还是骂，王永往往是刚刚还哭着认错，没过几天又恢复原状了。面对老师的举报和同学家长的埋怨，王永的父母无可奈何，对于这个孩子，他们已经没有任何办法了。

一天，王永的老师来他家做家访，告诉王永的父母，这个孩子在学校又闯祸了，而且惊动了校长。老师告诉王永的妈妈说：要是王永还是这样调皮捣蛋的话，学校也只好劝他退学了。

妈妈很生气，同时也很无奈，因为她根本不知道如何来教育这个孩子，打也打了，骂也骂了，对这孩子真正到了束手无策的地步。

妈妈把王永叫到跟前，说道："我真的不知道怎么来教育你了。妈妈现在求你了，别再这样下去了，好吗？做个乖孩子，妈妈求你了……"

看着妈妈苦苦哀求的样子，王永竟然冷笑了一下，转身进了自己的房间。

再后来，王永因为一次和同学发生口角，竟然把对方的手打断了，学校给了王永开除的处分……

教育学家克劳蒂娅认为：在现实生活中，教育具有很大的连续性，家长们常常把父母教育自己的方法用在自己的孩子身上。惩罚便是一项传统的工具。

东方传统教育中讲究"棍棒底下出孝子"，有些家长对于孩子的教育就是打骂，他们认为孩子是不打不成器，所以，一旦孩子做错事了，便用拳头来实行教育。可是，这样的教育是一种非常失败的教育方式，孩子虽说会因一时害怕被打而稍微改正自己的错误，但是时间一长，错误非但没有改正，反而变本加厉起来。同时，孩子还会因此对父母产生极大的反叛情绪和深深的怨恨情绪。暴力教育用到最后，就会出现故事里面的结局，孩子识破了大人的一切动机，软硬不吃。

"妈妈求你了！"，这句话对于孩子来说，一方面意味着父母的缴械投降，降低父母在孩子心中的权威感，使从前教育孩子的纪律约束土崩瓦解；另一方面，家长的这句话实际上是向孩子传递了这样一个信号："你已经不可救药了，我已经没法管你了。"这个信号无疑会使孩子产生破罐子破摔的念头，从而做出更加出格的事来。

父母说这样的话，孩子不仅不会有任何改变，而且会变本加厉。要想从根本上改变孩子的错误，成为一个规矩的遵守者，应该找出症结所在，而不是等问题发生了以后去苦苦地哀求孩子，在孩子看来，这仅仅意味着父母已经无计可施了。

专家建议

教育的过程实际上应该是讲道理的过程，所以，任何时候都不要打骂孩子。如果道理讲不通，可以再寻找合适的机会讲，切不可一打了事。

不管孩子多么顽劣，都不要向他传递负面的信息，更不要哀求他。此时不如鼓励他，用正面的语言引导他改正自己的行为，找出他的优秀之处赞扬他，增强孩子改进的信心和决心。

02 想玩，做完作业再说

星期天，本是玩耍的时间，可是李子却还要在家里做作业，这些作业是妈妈额外给李子布置的。妈妈有言在先，必须把作业按时完成才能出去玩。李子看着窗外快乐玩耍的小朋友，心像长了翅膀似的，身子虽然还坐在屋子里，可是心早就像小鸟一般飞了出去。

妈妈看到心不在焉的李子，生气地说："怎么？想溜出去了，对不对？想玩，做完作业再说，否则哪里你也甭想去！听到没有！"妈妈指着未完成的作业本说。

李子无奈地点点头，可是却是一幅极不情愿的样子。他心里想：为什么好好一个星期天，我却只能待在家里写作业？我多想和伙伴们一块儿去玩呀。唉，这该死的作业，怎么做也做不完！

李子就这样望着窗外，三心二意地写着作业。过了一会儿，妈妈来检查他的作业，发现还有很多作业没有完成，非常生气："怎么这么长的时间作业还没完成？我告诉你，今天要是不完成作业，你就哪里也别去，甭说玩了！”

妈妈走出门后，李子狠狠地把笔摔在地上……

在日常生活里，经常出现这种情况：孩子想要出去玩一会儿，但父母们却百般阻挠。在家长看来，孩子的时间是有限的，玩的时间多了，学习的时间自然就少了。所以不如让孩子少玩一会儿，多学一会儿，这样更能有效地利用时间。对于家长的这一善意的考虑，孩子们并不领情，相反却认为父母蛮不讲理，影响亲子关系。

玩耍真的像家长们所想像的那么一无是处吗？事实并非如此。心理学家认为，玩耍有助于孩子思维以及智力的发育和成熟，有助于提高孩子的创造力和创新精神，同时对于孩子的品格的形成和人格的完善也有益处。在游戏的过程中，可以培养孩子为他人着想的精神，培养勇敢、乐观、豁达的品质，还可以提高孩子应对突发事件的能力和抗挫折能力，那些在游戏中乐于担当领导者的孩子，在日后的成长中往往更容易获得领导者地位。

所以，玩耍实际上是孩子在成长，家长不应该为孩子爱玩而烦恼，相反，应该感到高兴。在学校积极为孩子减负的今天，家长更应该为孩子减负，给孩子更多玩耍的时间。至于玩耍与学习时间冲突的问题，家长可以事先与孩子制定一个学习计划，规定哪段时间是学习时间，哪段时间是玩耍时间，让孩子自觉遵守。

父母要注意家庭教育中的“禁止效应”。对于孩子来说，一件东西一旦被贴上了“禁止”的标签，它往往就会更具有吸引力。“禁止”很容易让人的心理产生一种饥饿感，反而更刺激了孩子近距离接触的欲望。玩也是一样。越禁止孩子出去玩，孩子越想出去玩，结果学习时三心二意，马马虎虎，反倒不如让孩子高高兴兴出去玩然后再学习效率高。

专家建议

一味地禁止只能进一步激发孩子的欲望。不妨多给孩子一点玩耍的空间，让孩子高高兴兴地玩，轻轻松松地学。

和孩子一起制定一个合理的作息时间表，培养孩子按照时间表来安排自己的学习和玩耍时间。这也可以培养孩子的自主性和自制能力，在没有父母监督的情况下也可以自觉地学习。

03 我没本事，以后就指望你了

肖云出生在一个普通的工人家庭，生活条件不是很好，最近几年父母又全部下岗了，家里的情况越发艰难。肖云很懂事，从来不会闹着爸爸妈妈买什么东西，学习也很自觉，父母为有这样一个好孩子而倍感欣慰。

这天学校举行运动会，肖云代表班级参加1000米的田径比赛。可是他连一双像样的跑鞋都没有，肖云为这件事情很犯愁，但又不想告诉父母，最后他穿上唯一的一双破球鞋去比赛了。

比赛一开始，肖云一路领先，但跑着跑着，肖云原本就破了的鞋子进了一个小石子。肖云忍着疼痛跑完了全程，但最终的第一名却不是他，他只得了最后一名。当肖云拖着被磨得生疼的脚走进教室时，同班的一名同学嘲笑肖云："真是个穷酸像，居然连鞋子都没有一双，怪不得跑了最后一名，丢我们班的脸！"面对如此的恶言，肖云很生气，扑上去和这位同学厮打起来……

回到家中，肖云有一肚子的委屈要和爸爸说，希望得到父亲的安慰。可是爸爸听罢肖云的话之后，居然说："孩子，爸爸没本事，连一双像样的球鞋都不能买给你。以后，你别惹这样的孩子了。唉，我没本事，以后就指望你了……"

肖云看到爸爸愁苦的表情，也难过起来。

"我没本事……"是一些混得不好的父母的口头禅。他们在和孩子交谈时把自卑感表露无遗，殊不知父母的自卑感是会"传染"给孩子的，他们会认为，"爸爸没本事，我又能怎样？"从而对世界和自己的未来产生恐惧感。

父母不能向孩子有意无意地传递卑微的思想，对于基本的家庭状况只需对孩子简单地说明即可，不要把全部的责任都压在孩子肩上，让孩子承担他根本就无法承受的重担，这样只会使孩子悲观地看待问题，从而影响他们的健康成长。

生活中，不仅父母喜欢在孩子之间进行比较，孩子也经常拿自己的父母与同学的父母进行比较，比如看到社会上有些人有特权，而自己的父母没有；有些人神通广大，而自己的父母却安守本分，便会对父母提出许多疑问。这时候，父母千万不要用"我没本事"来开始亲子之间的谈话。而应该用辩证的观点去贬恶扬善，指引孩子踏上坚实的成才之路。

第38届国际奥林匹克数学竞赛金牌得主安金鹏，出身于河北武清县一个贫苦农民的家庭，他有一位伟大的母亲。

为了供他上学，母亲卖了家里的毛驴，又四处借债为他攒足了学费。为了不让他饿肚子，母亲每个月都步行十多里路去批发一口袋方便面渣给他送去，他用的数学草稿纸也是母亲从印刷厂要来的废纸。他是天津一中唯一连素菜也吃不起的学生，是唯一没用过肥皂的学生，衣服上打满了补丁。但是他从来没有自卑过，因为他觉得母亲是一位从不向苦难和厄运低头的英雄。

生活的艰苦对于孩子来说不是不幸，真正的不幸是思想上的贫瘠。生活越艰苦，父母越要向孩子灌输正面的思想，用自己的乐观和不服输的精神感染和影响孩子，让孩子乐观地面对未来和挑战，这样孩子才会成为思想上的巨人。

专家建议

当孩子因为家境不好而受到别人的嘲笑时，要让孩子意识到这些行为都是无聊的，要指导孩子正视这些嘲弄并且想办法阻止这些嘲弄。

孩子受到嘲弄回家向父母倾诉时，要及时给予抚慰，要告诉孩子学会主动去维护自己的尊严，要用积极的方式去还击那些嘲弄者。鼓励孩子，让孩子学会保护自己的尊严，学会乐观与坚强。

04 再多说也无用，就这么定了

天天最大的愿望就是能和爸爸妈妈一起去云南旅游，可是父母的工作都特别忙，平时很难抽出时间。尽管他们已经口头承诺过无数次要抽空带天天去云南，可是一直到现在还没有兑现。

这个星期六开始就是“五一”长假了，天天扯着爸爸的衣服哀求道：“五一我们能去云南玩了吗？”

爸爸回答：“不行，我要加班！”

天天继续说：“你们已经答应了我好多次要去云南了，难道就不能抽个空吗？”

爸爸看着天天不依不饶的样子，有点火了：“不去工作，怎么有钱来养活你呢？”

天天回嘴道：“你们说话不算数……”

爸爸怒了：“就这么定了，你这个孩子怎么这么胡搅蛮缠的！”

天天被爸爸喝了一声，脸都吓绿了。他跑回了自己的房间，锁上了门，无论父母怎么叫门他都不开。

“就这么定了。”很多父母都喜欢对孩子说这样不容争辩的话。难道父母永远是对的？一些父母根本不给孩子一点解释的机会，冲着孩子就说道：“不行就是不行，我说的话你敢不听？”很多孩子就像天天一样被吓得“脸都绿了”，所有的委屈只好往肚子里面吞。

一些父母总说：“孩子没点怕劲儿不行。”所以对孩子过于严厉。他们喜欢标榜自己的家教严格，一定要让孩子按照自己的模式去做，不许这样，不许那样，完全不给孩子一点自由。孩子一旦被束缚过久了，就有可能形成抑郁、怯懦的心理，这种心理显然是不利于儿童健康成长的。而且，长期被父母压制的孩子，到了青春期往往会更加叛逆，甚至会做出违反法律和道德的事情来。

孩子的健康成长需要足够的空间，父母切勿单方面制定过多的规矩，将孩子严格地束缚在一个狭小的圈子内，这样，不但没有起到教育的作用，反倒影响孩子各方面的成长。

专家建议

家长试图用权威来强迫和威胁孩子，力图让孩子按照自己的想法去做事，是十分危险的行为。这种做法不是在教育孩子，而是在摧残孩子。多和孩子沟通，去感知他们心中的愿望和想法。在家庭教育中，家长拿出一分钟来倾听孩子的想法可能会比拿一小时来教训孩子更能起到教育的作用。

有些家长往往由于没时间或心情的原因而直接用命令的口

吻和孩子说话，这样会直接引起孩子的敌对情绪，进而影响孩子的性格。这时父母最好告诉孩子，以后会给他解释清楚，并信守承诺。

05 顶撞老师，没有好果子吃

这天上语文课时，欢欢发现老师在朗读课文时，读错了一个字，她便勇敢地举起手来对老师说：“老师，你刚才读错字了，心宽体胖应该读作心宽体胖（pán）。”

老师的脸微微地红了一下，然后表扬了欢欢。

欢欢放学回家后，立刻把这件事告诉了妈妈。

“妈妈，今天我在课堂上指出了老师的一个错误。”

妈妈听了，说道：“是吗？什么错误？”

欢欢得意地说：“我告诉了老师心宽体胖的正确读音。这是大家经常读错的字，我是查了字典以后，才知道它的正确读法的。”

“是吗？”妈妈回应道，“不过，你这样当面指出老师的错误，顶撞了老师，老师会认为你故意找茬，有可能会得罪老师的！”

欢欢听到妈妈的嘱咐，心里面也暗自犯了嘀咕：“哦，怪不得今天老师的脸红了，我是不是做错了？”

“顶撞老师，没有好果子吃。”这句话，本意可能是让孩子学会尊重老师，要对老师有礼貌。可是现在很多家长却用来告诫孩子不要和老师“对着来”。结果无意中误导了孩子要对老师绝对服从。

孩子往往会把指出老师的错误视为得罪老师，他们原本对老师就满是敬畏了，听了父母的这句话，就再也不敢指出老师的错误了。这样很容易造成有疑问不敢问，有错误不敢辩的局面。盲目地顺从老师的结果是孩子的思维受到严重束缚。

父母培养孩子尊敬老师是必要的，不要轻易地对老师做出负面评价，但对于老师的错误也应要及时指出。父母要正面引导孩子，处理具体事情的时候要灵活机智，既解决问题又不致伤了老师的面子。父母要鼓励孩子坚持真理，坚持自己正确观点的勇气，这样孩子才会有主见，敢于坚持真理。

专家建议

培养孩子的质疑精神，无论是对老师、课本上以及父母的话存有不同的意见，都可以提出来，共同探讨。

鼓励孩子勇于发表自己的意见，但要告诉孩子要言之有物，不能瞎质疑。

06 爸爸好，还是妈妈好

青青一直梦想着有一台自己的电脑，她的这个愿望在她15岁生日的时候，妈妈帮她实现了。青青简直欣喜若狂，抱着妈妈亲了又亲。

“妈妈，你真是天底下最好的妈妈！谢谢你！”青青对妈妈满是感激。

妈妈笑眯眯地对青青说：“呵呵，现在知道妈妈好了吧？过去你可是和你爸爸最亲哟！”

青青傻傻地笑了：“没有呀……”

原来，青青的妈妈是个严厉的人，对青青的要求也特别严格，她希望把青青培养成为一个具有独立性格的人，所以，很小的时候，妈妈就要求青青单独一个人睡觉，刚上小学那会儿，妈妈也要求青青自己上学、放学。看着别的孩子都有父母接送，青青心里面说不出的难过。不过，青青的爸爸倒是时常会来学校接她，青青平时也喜欢躲在爸爸的怀抱里撒娇。不过，在妈妈面前，青青却是很少这样，虽然她心里明白，妈妈也是一样爱自己的。

妈妈看到青青陷入了沉思，笑着道："孩子，你爱爸爸呢？还是爱妈妈呢？"

青青面对妈妈的提问，一时回答不上来了。

在日常生活中，家长们喜欢问孩子："是爸爸好，还是妈妈好？""你爱爸爸，还是爱妈妈？"家长说这些话多是开玩笑，但这种玩笑话是不能随便乱说的。

除了父母亲，孩子的姨妈、姑妈之类的亲戚也爱开这种玩笑。

"我好还是你妈妈好？"她们常用这话逗孩子。

孩子不懂，如实回答了，招来一顿奚落："我都给你买吃的了，还是你妈妈好？"

孩子想想也是，她给我买吃的了，这是事实；妈妈好，这也是事实。怎么回答？还是不会。

不久，孩子就会答了：谁问就说谁好。

渐渐地，孩子还学会说奉承话了，见人说人话，见鬼说鬼话，就是没有一句是真话。

孩子良好品格的塑造需要父母平时的潜移默化。每一位父母实际上都是一名雕刻家，每说一句话、每做一件事，就像雕刻家手中的雕刻刀，会在孩子的身上留下印记。父母要注意自己的言谈举止，时时处处给孩子正面的引导，孩子就会被雕刻成艺术品；相反，如果父母不注意用正面的举止形象教育孩子，孩子就有可能成为瑕疵品。所以，父母要注意自己的言教，向正确的方向引导孩子。

专家建议

避免说出“爱爸爸还是爱妈妈”之类的可能误导孩子的问题和话语，避免孩子的品行受到影响。

如果孩子认为父母不是一样爱自己，父母要及时加以纠正。告诉孩子，父母只是表达爱的方式不同，但是爱孩子的心却是一模一样的。让孩子弄清这一点，对于营造和谐的家庭氛围很有帮助。

07 走开，让我安静一会儿

这天，朱朱的爸爸在单位里面遇到一些烦心的事情，此刻正坐在沙发上生闷气。可朱朱并不知道这些，仍然像往常一样和爸爸说自己在学校里面看到的开心的事情。

“老爸，告诉你一件特逗的事情，我们班的小胖今天上课睡觉被老师抓了个正着……”朱朱在爸爸面前手舞足蹈地说着。

“哦？是吗？”爸爸没精打采地回应道。

“对呀，你猜他怎么会被老师发现的呢？”朱朱扯着爸爸的手，故意卖关子。

爸爸皱着眉头，开始有点不耐烦了：“我怎么知道？你去学习吧……”

朱朱没有注意到爸爸神情的改变，继续自顾自地往下说：“你猜猜啦……哈哈……原来，小胖他……”朱朱边笑边推着爸爸的肩膀。

爸爸此时发作了："你这孩子，没看见我正烦着吗？走开，让我安静一会儿！"

朱朱被爸爸突如其来的吼声吓了一跳，默默地回到了自己的房间。

一些家长在心里面有烦恼的时候，希望自己能够安静地待着。可是，孩子并不知道父母此刻的心情，他们会像往常一样倾诉自己的想法或是心声。可想而知，最终得来的往往是家长的吼声："别来烦我！""走开！"

心里有事，情绪暴躁，这些都可以理解，但这种粗暴的态度，会扑灭孩子的热情。一些敏感的孩子甚至会因此而不敢再与父母交流沟通，以后在学校遇到什么新鲜事情，在学习生活中遇到什么困难事情都不会和父母讲了，宁可自己闷在心里。

在父母眼中，孩子在学校遇到的事情可能是一些芝麻绿豆般的小事，不值一听，可是对于孩子而言却是很大的事情了。父母若不愿意倾听孩子的话语，无疑放弃了一个了解孩子内心世界和与他们沟通的良好机会。

让"去去去，别烦我了，让我安静一会儿"之类的话从父母的口中消失吧。聪明的 父母会认真倾听孩子的问题，而不是随着自己的性子打发孩子。如果真的心情不好，可和蔼地对孩子说："爸爸这会儿需要考虑一点问题，你先去做作业，然后我再来分享你在学校遇到的有趣事情，好不好？"这样既避免了伤害孩子，又可以安静地想自己的问题，一举两得。

父母一定要学会处理自己的情绪，给孩子创造一个温馨和谐的家庭环境。

专家建议

当孩子有问题或是事情需要向父母倾诉时，父母要尽可能地认真专注地倾听，这是尊重孩子的表现，同时，亲子之间会得到很好的沟通。

孩子需要被倾听。当孩子向父母诉说自己的所见所闻所感时，不仅宣泄了内心的情感，舒缓了心中的压力，锻炼了语言表达能力，而且有利于形成豁达、开朗的性格。

通过倾听，父母加深了对孩子的了解，可以更有针对性地对他进行教育和帮助。

08 我烦着呢，别再添乱了

小凤最近学会了十字绣，而且绣得很漂亮。这天，她在家里的小座垫上绣上了一只栩栩如生的小兔子，她可高兴了，便拿着座垫给妈妈看。可是此刻妈妈正在忙着做饭呢，根本没有功夫搭理她。

“妈妈，你看，我绣的兔子怎么样？”小凤举着座垫给妈妈看。

妈妈正在炒菜：“快拿走，没看见我正在忙着做饭吗？别在这里给我添乱了！”

小凤失望地走出了厨房，她看到了坐在沙发上看报纸的爸爸，赶忙拉着爸爸的手臂说：“老爸，你看，家里的座垫被我装饰得怎样？”

爸爸头也没抬，说道：“很好，很好……”

小凤觉得爸爸在敷衍自己，就拿开爸爸的报纸，说：“你连头也没抬，怎么就说我做的好了？”

爸爸有点生气了：“把报纸拿过来，没看我正忙着吗？真不懂事……”

小凤气呼呼地离开了客厅，回到房间里面自己欣赏座垫上面的十字绣去了。

当家长正在忙于各种事情的时候，孩子要求父母和他们谈谈话或是帮忙什么事情，许多家长都会不耐烦地说：“去去去……没看到我正忙着吗？”父母无意识的一句话就可能伤害孩子敏感脆弱的心。

父母说这句话时，可能并没有什么恶意，但在孩子看来这句话却意味着父母不把自己当一回事，认为自己所做的所有事情都是没有意义的，不管是自己的手工制作，还是学习上遇到了难题，都不如他们正在做着的事情——比如看报纸、做家务重要和有价值。有些孩子甚至会产生强烈的叛逆情绪：“你们不是认为我做的事情没有一点用吗，那我不做好了。”结果放弃了对生活的探寻和尝试，甚至放弃了学习。

父母不要再让“去去去，找同学玩去”“别烦我了，你怎么那么多话啊”这样的话脱口而出了。聪明的父母要学会处理自己的情绪，尽量给孩子创造一个温馨和谐的家庭环境。面对孩子的问题，要认真地倾听，不要随着自己的性子打发孩子。

对于正在成长中的孩子来说，父母的关注就是他们成长的养料。父母疏于关注他们，不愿意倾听他们说话，不愿意欣赏他们的“杰出成就”，吝啬于给予他们夸奖和赞美，他们就会像没有充足养料的植物一样萎靡、没有活力。

专家建议

如果家长正在做的事情真的很重要，没有时间听孩子说话，可以告诉孩子自己现在很忙，等忙过之后，再听他说那些有意思的事情。时间要说的具体，否则会让孩子感到家长在敷衍自己。给了孩子承诺就要主动履行，不要让孩子空等。

在倾听孩子说话的时候，可以用一些词语来表明自己在认真地听他说话，例如："嗯，这看起来不错。""你的话听起来很有意思。"也可以用动作表示，比如看着孩子的眼睛微笑，鼓励地拍拍他们的肩膀，等等，这是和孩子最有效的沟通方式。

09 你要争气，千万不能像我一样

小祝的父母都是小学没毕业，没什么文化，虽说后来做生意赚了不少钱，可是他们还是觉得自己在社会上没有地位，常常被人叫成“暴发户”。所以，他们把所有的希望都寄托在了唯一的儿子——小祝身上。他们经常对孩子说：“你一定要考上大学，做个文化人，千万不能像爸妈一样，没文化被人看不起，知道吗？”

小祝特别不喜欢听到父母说这样的话，因为，他心里面觉得父母靠自己的辛勤劳动创造了财富，也一样对这个社会有贡献，为什么要自己瞧不起自己呢？再说，他也不想考什么大学，小祝心里最大的理想就是玩摇滚，要成为中国摇滚乐的复兴力量。

小祝的一门心思全部扑在了练习吉他上面，学习成绩也就可想而知了，经常是班里面倒数的人物。爸爸看到他的成绩单，往往是一副痛心疾首的样子：“你怎么就不努力学习呢？孩子呀，你一定不能像老爸我这样呀……”

一次，小祝听到老爸的这句话，摔门而出，再也没有回来。

当今，很多父母都是一门心思地望子成龙，望女成凤。因为，他们已经意识到这个社会的竞争是如此的激烈。所以，家长们更希望孩子要加倍努力，一定要超过自己，比自己生活得更好。这种愿望没有错，可是父母这样一厢情愿地希望孩子成为“龙凤”，这会引起孩子的悲观和厌烦的情绪。故事里面的小祝就是十分讨厌爸爸说“你一定不能像我这样”此类的话。孩子有他们自己的个性，有他们自己的愿望。父母不要把自己的期望强加在孩子身上，这会让他们不堪重负的。

父母要关注孩子的兴趣，了解孩子的个性和理想，并通过因材施教的教育方式，真正把孩子的潜力挖掘出来。孩子需要自己的梦想，而不是父母的拔苗助长。

专家建议

一般情况下，孩子视自己的父母为自己最尊重的人，并且希望长大以后也能做一个像父母一样的人。即使父母再平庸，在孩子眼里，他们都是伟大的。因此，父母不要在孩子面前贬低自己，这类的语言行为不但不能激励孩子，反倒让孩子产生莫名的压力，让孩子产生厌烦情绪和抵制情绪。

父母过高的期望容易造成孩子的心理负担，不利于孩子的健康成长。好的父母会放手让孩子自己成长，他们经常和孩子沟通，了解孩子心中的想法，并鼓励孩子去做，即使这与自己对孩子的希望完全相反，他们也会尊重孩子的意愿。这样的孩子往往更健康、快乐。家长应该记住：孩子快乐的成长比什么都重要。

10 你是女孩子，别和男孩子似的

雪儿从小在乡下的外婆家生活，经常是一个人在田地里面自由地奔跑嬉戏，没有人来约束她的行为举止。这样的童年，雪儿感到很快乐，很自由。

到了上初中的年龄时，雪儿回到了城里和爸爸妈妈一起住，感到百般的不适应。因为，妈妈总是教育雪儿要有个女孩的样子，不要随便嘻嘻哈哈的、做事大大咧咧的。雪儿吃饭的时候，要是大声说笑，妈妈就会皱着眉头说："女孩子，吃饭不要大声说话，这样不好！"雪儿要是和隔壁邻居的男孩一起玩打仗的游戏时，妈妈也会阻止："怎么这样，一个女孩就要有女孩的样子，怎么老是和男孩一样？"所以，雪儿觉得自己完全失去了自我，必须得按照妈妈的"指示"，做一个"窈窕淑女"。

雪儿经常感叹，这样的生活究竟要持续多久呀？

一次，雪儿班上要组织“野外生存”郊游，她很想参加。但回家和母亲商量时，却被一口回绝了：“什么？一个女孩，怎么想要玩男孩的东西，那多危险呀！”

雪儿争辩道：“谁说是男孩玩的了，女孩为什么不能玩？”

妈妈由不得雪儿辩解，大声说道：“就是不可以，女孩就要有女孩的样子。”

雪儿郁闷地回到了自己的房间……

上面的故事情节在现实生活中也是很普遍的。根据一项“青少年与家庭”的调查报告显示，在管教子女时，有84.6%的父母赞成“男孩应该有男孩的行为，女孩应该有女孩的举止”的教育方式，换言之，这种把男女性别功能明显区分的思想，依然根深蒂固地存在于许多父母脑海中。

事实上，这样刻意地让孩子男女有别，会抑制孩子的自然成长，抹杀孩子的天性和本能。因为在兴趣和能力方面，是不存在性别差异的。

有位教育学者说过：“男性是由51%的男性精神和49%的女性精神所组合而成的。”女性的组成百分比例则相反。也就是说男女在精神上的差异是相当微小的，也因此男女才能得以相互了解彼此的心意。

在孩子的成长阶段，不要刻意强调性别的差异，让男孩女孩一起玩，会更有利于孩子身心的健康发展。让孩子自由地展现个性，那才是比较正确的教育方式。

专家建议

在现实生活中，不妨忽略孩子的性别，不必刻意指出：什么是女孩做的，什么是男孩做的；女孩不应该像男孩一样；等等。让孩子自由地发挥天性，这样孩子的精神才能得到最好的放松和舒展。

在生活中有些地方，的确是男女有别的。父母对此要加以有效地指导，让孩子自然体会到男女的差异，这对于孩子正确认识异性，形成正确的异性观，很有帮助。

对于孩子来说，男女的界线并不明显。男孩玩女孩游戏或女孩玩男孩游戏都是正常的，更利于孩子正常成长。相反，如果人为地去区分这些问题，反而不利于孩子以后与异性正常交往。

11 听话，
这都是为你好

小娟长得很漂亮，学习成绩也很好，在学校还担任学生会主席的职务，是同学们学习的榜样。可是，这样一个优秀的女孩却是不快乐的。为什么呢？

小娟的妈妈一直想把她培养成为一个绝对出色的人，所以，小娟除了每天要学习书本上的知识外，还要去学习钢琴和舞蹈。放假的时候，妈妈就把小娟送去英语口语速成班学习。这样下来，小娟根本就没有休息的时间，就更别提玩了。每当听到周围的女生谈论一些时尚的话题时，小娟却只能待在一旁听着，因为她根本不知道大家在说些什么，心中的苦恼也只有自己知道了。

每当小娟稍微有一点抱怨的情绪，妈妈总是搬出那么一句话来：“你知道吗？妈妈都是为你好，所以，你一定不要辜负妈妈的苦心。”只要说这么一句话，懂事的小娟就不敢再有什么不满了，继续学习这，学习那。

这天，小娟特别想和同学去展览馆看画展，可是妈妈给她安排了舞蹈课程，她便请求妈妈："我就缺一次舞蹈课不行吗？我真的好想去看这个画展呀。"

妈妈又开始苦口婆心地说了："女儿呀，我这是为你好……"没等母亲说完，小娟已经打断了她的话，说道："什么都说是为我好，可是我一点也不觉好，我一点都不快乐……"说完，便委屈地哭了……

每当家长想要孩子做一些他们不想去做的事情时，总是使出这样一个"杀手锏"——"这都是为你好"，就这么一句话，让孩子不忍拒绝父母的要求。

父母易犯的最大错误，就是用自己的思维和行为模式来左右孩子的思想和行为。最突出的表现就是强迫孩子学习各种各样的特长。这样做并没有错，可是家长们要了解孩子是否真的喜欢学习这样那样的特长。如果孩子喜欢，那么父母就是在尊重他们的选择；如果孩子不喜欢，那就是在违背他们的意愿。这种强迫是没有好结果的，即使孩子略有所成，在他们心里留下的也只是厌恶和伤感。

父母绝不能用"听话，这都是为你好"这样的话去强迫和压制孩子，而要多鼓励孩子自己独立自主地做事。孩子终有一天会长大，等到他们离开父母，独自面对人生的风雨，才发现自己毫无主见时就太晚了。父母要教会他搏击风雨的本领，而不是处处想着替他们遮挡。

专家建议

教育孩子就要教育一个有主见的孩子，在任何事情前，他们都该有自己的想法并为之做出自己的选择。父母不要把自己的意愿强加在孩子身上，这就是对孩子最大的尊重。

父母切不可打着“爱”的旗号去强迫孩子学习自己不喜欢的东西。要尊重孩子的选择，尊重孩子的情感，让孩子有一片自由的天空。

12 谁稀罕，妈妈给你买一个更好的

丽君的班上新转来一名叫小菊的女生。这女孩家里挺有钱，所以，在衣着打扮上很是时髦。班里女生都很羡慕小菊，也有些女孩悄悄地模仿着小菊的衣着打扮。其中，丽君也不例外。

这天，丽君和妈妈一起到百货公司买东西。当来到女装的柜台时，丽君看到了一套很漂亮的衣服，禁不住欢呼起来："妈妈，你快过来看看！这套衣服和我们班小菊昨天穿的那套时髦的衣服一模一样。"

妈妈问道："谁是小菊？"

丽君答道："她是我们班新转来的学生，打扮得特别时尚……"

妈妈听罢，撇撇嘴，立刻把丽君拉到了另一个服装柜台前："看看这个品牌，我们买这件。买一件比她更好、更时髦的衣服！"

丽君高兴地亲了妈妈一下，笑道："万岁！太棒了！"

故事里面的情形经常出现在现实生活中，生活中很多父母在物质生活方面，不想自己的孩子比别人的孩子差，所以经常会比着给孩子买高档的生活用品。实际上，父母的这种做法对孩子一点好处也没有，相反，只会导致孩子和别人进行穿戴打扮的攀比，助长孩子的虚荣心。

虚荣心对于孩子的健康成长以及日后在社会上生存，都是极为不利的。生活中，有些人虽有能力，也想取得好成绩，但不肯踏踏实实地学习工作，吃不了苦，只好不择手段地追求荣誉，以获得虚荣心的满足。这种人不但终生都不会有所成就，而且如此攀比还会难以尝到生活的快乐。

在教育孩子的过程中，父母应付出的是爱，而不应看重金钱和物质。如果父母一味骄纵孩子的额外物质要求，会使孩子养成自私自利、贪婪的不良品质。所以，父母不应该误导孩子与别人比打扮，比物质享受，而要用理智的爱来面对孩子，培养孩子。

其实，没有虚荣心的人是没有的，关键是要对自己的虚荣心加以调整，使之产生向上的动力，而不是任其发展成有害的“嫉妒”。父母要帮助孩子调整自己的虚荣心。

专家建议

不要让孩子在物质方面进行攀比，避免助长他们的虚荣心，而且要对孩子的虚荣心进行正面引导，让孩子学会在差距面前坦然。

要让孩子正确对待所谓的名牌。盲目去追求名牌，无意之间就会养成互相攀比、互相追逐名牌的意识。要让孩子正确认识着装美和内在美的关系。

家长要在孩子面前起一个良好的带头作用，不做攀比虚荣之人。

13 坏孩子，不要和他们一起玩

晓祥是个听话的孩子，学习成绩也很好，还是班里面的小组长，是大人们眼中的好孩子典范。

晓祥有个好朋友叫虎子，是老师眼里的“问题学生”。因为，虎子不但学习成绩差，而且还特别调皮捣蛋，总喜欢和老师作对。

一天，晓祥和虎子一起去网吧玩游戏，很晚才回家。妈妈询问原因才知道他和虎子去玩游戏了。妈妈不高兴地对晓祥说：“你怎么能和虎子成为好朋友呢？”

晓祥很疑惑，问道：“我怎么就不能和虎子在一起玩呢？”

妈妈回答：“你知道‘近朱者赤，近墨者黑’的道理吗？你整天和虎子这样一个坏孩子混在一起，说不定就会受到他的影响，变成像他一样的坏孩子！你知道吗？”

晓祥眨眨眼、挠挠头，迷惑不解。他心里面想：怎么和虎子一起玩，就会变成“坏孩子”了？

父母常常对孩子说“某某是坏孩子，不要和他一起玩”，说别人是“坏孩子”，这可能让孩子感到困惑。

孩子的心是善良纯真的，他与伙伴的友谊是真挚的。可家长偏偏否定这一切，并说他的朋友“坏”，孩子当然难以接受。

有的父母对孩子与同学的交往进行限制，只容许孩子同他们眼中的“好学生”来往，而不允许他们同那些“坏孩子”来往。这种过分干涉的做法一是会遭到孩子的反感，二是会使孩子感到孤单寂寞，缺乏与人交往的能力。

父母要在孩子学习如何独立地凭自己的能力作选择的过程中，提升他们的责任心和判断力。孩子交什么朋友，需要孩子自己做出判断，家长只能提出建议。对于交友择友之道和是非标准，父母可以循序渐进地进行灌输，不要一味地否定孩子的判断。相信只要多些耐心，持之以恒，孩子正确的择友观就会形成。

专家建议

对待孩子，对待孩子交往的朋友，要抱着尊重的态度，引导孩子培养科学的交友观。如果怕孩子交往了“不良少年”，应该教会孩子区分“好”与“坏”的标准。尊重孩子的选择，让他拥有更多的真诚相待的朋友，学会和不同个性的人交朋友。

不要在孩子面前随意否定他们的朋友。说别人是“坏孩子”，这样会伤害孩子的心灵，让他从小对人产生“另眼相看”的不良习惯。这样一来，孩子在成长过程中，会失去很多交友的机会。

父母应给孩子自己选择朋友的权利，而不是过度干涉，这有助于孩子人际交往能力的提高。

14 为了妈妈，一定要考进前三名

凌子今年升初三了，面对即将到来的中考，母亲比她还着急。妈妈一直希望凌子能考上重点高中，然后上大学。可是凌子的成绩一般，班主任善意地建议凌子考中专或是职业高中。妈妈知道后，勃然大怒。她是一个好强的人，觉得班主任看不起自己的孩子。她发誓说：“我非要让我女儿考上重点高中不可！”

从此以后，妈妈就给凌子下了死命令：“为了妈妈，你一定要考进班里的前三名，考上高中让你们老师看看！”她再次压缩凌子的休息时间，起初女儿被弄得连吃饭都打瞌睡，后来渐渐地想睡也睡不着了，而且整天望着天花板发呆，还时不时问妈妈：“我考不上重点高中怎么办？”每到这时，妈妈就苦苦地哀求凌子：“为了妈妈，一定要挺住，一定要考上高中！知道吗？”

凌子只好咬着牙坚持下来。

可是，毕竟是学习基础差，凌子还是没有考上高中。在听到这个消息后，凌子竟然变得神情恍惚，疯疯癫癫起来。

故事里面的妈妈在现实生活中并不少见。因为“恨铁不成钢”，因为要强，她们就以所谓“爱”的名义来逼迫孩子，美其名曰“为了妈妈”！

家长任何时候都要记住，学习是孩子的事，孩子想要取得什么样的成绩，想要实现怎样的人生，是孩子的自由。家长没有权力也没有可能逼迫孩子背负自己年轻时的梦想，那不是对孩子的爱，相反是对孩子的摧残和伤害。

家长要注意，千万不要拿孩子的学习或其他方面的表现来打赌，孩子不是赌盘上的金币。在为孩子确定学习或考试目标时，家长要根据孩子的真实情况，确定孩子力所能及的目标，不要与别的家长攀比，为孩子制定高难度的目标；更不要对孩子灌输只能成功不能失败的观念，这会使孩子的心灵和精神长期处于极度紧张的状态。对于心灵稚嫩的孩子来说，这种紧张和重压无异于一种灾难，很有可能诱发各种心理疾病。

如果孩子学习积极性不高，父母也不要用这种方法逼迫孩子，而应该用一种更积极的方法，找出孩子学习积极性不高的真实原因，然后有针对性地加以解决，这样才能从根本上激发孩子的学习主动性。

专家建议

孩子更需要的是父母的关怀，而不是一味地威胁“为了妈妈，你要好好学习”“为了爸爸，你要考好”等等。家庭教育的关键在于引导孩子真正努力学习，而不是逼迫和威胁。

父母不要以自己的爱为筹码，以自己的理想和愿望为枷锁禁锢孩子。孩子有自己的愿望，也有为自己的理想而奋斗的权利和自由。

望子成龙是天下父母的共同心愿，但有时父母对孩子的要求过高而且不切实际，这很难使孩子完成父母的“既定目标”，从而使孩子的心理产生严重的负担。“拔苗助长”这种欲速则不达的方法，只能使结果适得其反。因此，告诫天下父母一句话：假如你的孩子不能成为一棵参天大树，那就让他做一株默默无闻的小草吧，他一样可以给世界带来春天的美丽。

15 再不听话，你就要挨打了

妈妈领着东东在商场买东西，路过玩具店的时候，东东看见一个玩具，这个玩具班里同学都有，东东很想要，可是妈妈一直没有松口给他买。

东东看见玩具，撒开妈妈的手，一溜烟跑到店里拿起玩具就放在怀里不松手。

妈妈看见东东这个行为很是尴尬，劝东东松手，不要让大家看笑话。

可是东东很执拗，不论妈妈说什么他都不放手。

妈妈气急了，把玩具从东东怀里拽出来“走不走，再不听话，你就要挨打了。”说完给东东好几巴掌。

东东害怕极了，哭着跟妈妈走出了玩具店。

父母经常打孩子，孩子一看见父母就会感到害怕、不敢接近。因此，不管父母让他做什么，不管对错，孩子都会乖乖服从。但是在这种服从环境下长大的孩子，往往会精神压抑、学习被动、懦弱、唯命是从。

所以父母在教育孩子时表扬应占多数，并且要掌握好批评的尺度，因为很多时候孩子们还是不懂事的，有待于父母的塑造。成长的过程中孩子们犯错是很正常的，在这样的情况下，作为家长就要用语言的技巧来规劝孩子。可是并非每个孩子都能自觉、自醒，对有个性差异的孩子，父母应该对孩子因材施教，在不得已的情况下要采取适度惩罚，甚至轻度体罚，如罚站、罚劳动等。

对孩子的教育要惩罚奖励相结合。奖励用得好，就会取得成效，用得不好就会事与愿违。父母应尽量避免因奖励不当而给孩子带来错误的观念和信息，因为这样很可能使孩子产生错误的行为。

那么在日常生活中我们该用什么的奖励来鼓励孩子呢？以精神鼓励为主，物质奖赏为辅。这两种鼓励都是夸奖孩子的积极有效的手段。不要将物质奖励与食物，玩具划等号，那就狭隘化了。其实，父母一个鼓励的微笑、一份关注、一个表扬才更是孩子喜爱的奖励。

有的父母急于求成，希望一蹴而就，恨不得孩子的表现一夜之间就有很大的改观；或者，在孩子刚刚有了一点儿进步时，就失去继续执行奖励办法的耐心，这样不持久的行为，不会取得理想的教育效果。

专家建议

奖励是对正确言行或良好品德给予赞扬和肯定的手段，它是培养孩子良好行为的重要方法之一。对一项好的行为给予正面奖励、赞赏，那么这种行为就会在孩子身上得到再现和巩固，如果父母没有给予奖励，孩子就会认为这或许是不正确的，然后停止这一行为。经常奖励孩子，有助于激发孩子的荣誉感，明确努力方向，强化优点。

面对孩子的教育问题，一些父母认为孩子做错事时，应该给予惩罚，这样就不会助长孩子的不良行为和习惯。的确，惩罚在教育过程中是必须的，但有一个概念需要父母们明确，惩罚不等于体罚，更不等于虐待。很多父母一听到“惩罚”，立马就联想到了体罚。殊不知惩罚的方式有很多种，倘若处理得不当，就会伤害到孩子的身心健康。

16 我这是为你好

天天喜欢唱歌，也喜欢听流行歌曲。每次爸爸妈妈给他的零花钱，他都偷偷攒下来，然后去买专辑。

每天学习的时候，天天就会塞上耳机，把自己沉浸在音乐的海洋里，然后做作业。

爸爸很不喜欢天天的这种行为，爸爸认为这完全是一心二用，听歌怎么可能学好习，于是告诉家里人不许给天天零花钱。

没有零花钱就没有新歌听，天天很苦恼。天天的爷爷奶奶看见自己的孙子不开心，就偷偷塞给孙子零花钱。攒了近两个月，天天终于又买上了新的专辑，可是到手还不过一天，就被爸爸发现了。爸爸很生气，扯过天天的专辑就狠狠地摔到地上道："我这是为你好。你怎么这么不懂事。"

天天看见摔破角的新专辑，愤怒地转身回到了房间。

面对矛盾时，父母要给孩子时间支配权、自主权、发言权、表决权。父母要给孩子一个有着民主氛围的家庭，不要搞独裁专制，这样孩子才会与父母的关系靠近。例如，家中发生的大事，如买房、搬家之类的，不妨考虑一下孩子的感受，同孩子商量一下，征求孩子的意见。父母不要用命令的口气对孩子说话，不要用““你必须”“你应该”“你懂什么”类似这样的口头禅。

孩子们都渴望拥有一个属于自己的小天地，所以，父母不要自作主张，将孩子的时间按自己的意愿排得满满的。要让孩子自主地安排自己的时间，对安排的不合理处，父母再以商量的口吻提出建议，一定不要全盘否定孩子。父母尤其是不要偷窥孩子隐私，尊重孩子的同时也为自己赢得了尊重。

例如，要给予孩子成长的机会，要以尊重、疏导为主。不要只看学习成绩，可以让孩子每天体育运动一小时，让孩子承担家中一定的事务。让孩子在赋予责任中学会自律、自觉。

提高与孩子沟通的技巧，要和孩子聊一些看似漫无边际的话题，其实句句点的是孩子现在的问题。父母不要带着情绪去教育孩子，会导致孩子愈加抗拒。所以，父母在急躁、心烦、不冷静的时候，不要教育孩子。要心平气和地与孩子交流。

专家建议

父母不要拿孩子的短处同别的孩子的优点比较，不要总是盯着孩子的弱点，不要老夸奖别人的孩子，也不要总认为自己讲的话是对的，不要老是说自己的孩子有多笨，孩子是错的。在与孩子接触时，父母应尽可能多找孩子的优点，并多鼓励，减少孩子对家长的抗拒心理。

学会换位思考很重要，面对孩子令人不解的行为，想想是什么原因造成孩子会产生这样的行为。有了共鸣之后就会理解孩子，能找到问题的症结。父母在和孩子沟通的时候，不要以孩子反感的话题引入，如学习成绩等，这样只会让孩子不想和父母交流。父母也不要以孩子错误的行为入题，这样只能让孩子更加反逆。

17 为了你，我什么都能去干

小刚和妈妈一起在超市买东西，小刚看见一个他没吃过的刚上市的糖，他看见这款糖的包装不是很大，就把他偷偷握在手里，而没有放进购物篮。

趁着妈妈结账的时候，小刚又把糖悄悄扔进了购物袋，就在母子二人出门时超市时报警器突然响了起来，超市人员要求小刚妈妈把购物清单拿出来和购物袋里的东西对照，最终发现了那款糖。妈妈立刻意识到这是小刚自己偷偷拿的，面对超市人员的严肃的面孔，小刚害怕极了。妈妈将小刚一把拽到身后，面对周围异样的眼光，妈妈对超市人员道歉道“抱歉，忘了还有这个糖呢，我现在就去结账。”

在回家的途中小刚很懊悔，说：“妈妈，对不起，让你丢脸了。”

妈妈摸了摸小刚的头，说道：“没事，为了你，妈妈什么都能干。”

法国思想家、教育家卢梭说过一段极具警示性又符合实际的话："人生当中最危险的一段时间是从出生到12岁。在这段时间中还不采取摧毁种种错误和恶习的手段的话，它们就发芽滋长，当以后采取手段去改的时候，它们已经扎下了深根，以致永远也把它们拔不掉了。"

溺爱、放任会造成孩子唯我独尊，不懂规矩，甚至为所欲为的行为习惯。时间长了，必定养成恶习，置国家法律于不顾，干出违法乱纪的事情来，到那时后悔就晚了。父母在对孩子加强管教的时候，举一些实际例子说明从小放任则必然走向歧途，让孩子懂得没有规矩不成方圆的道理。

维护公共活动顺利进行的必要条件，就是遵守公共秩序。父母带孩子到公共场所时，应用遵守公共秩序的行为影响孩子。如看电影或文体演出时要对号入座，保持安静，不让自己的行为影响他人的观看；购物买票时要按次序排队；要维护公共卫生，不随地吐痰，不乱扔杂物等。教育孩子不贪图小便宜，不能损坏公共设施和财物，公私分明，不能把公共的物品占为己有。

有的家长对孩子疏于管教，有的对孩子要求过于严格，还有的则对孩子过于溺爱，这些都不利于孩子的发展。现在社会上有一些不良思想给孩子们造成了影响，使得他们没有是非观念，常常和社会上的人混在一起，稍不注意就会酿成大错。因此，父母要引导孩子树立正确的价值观、人生观，这才是让孩子健康成长，对孩子负责任的做法。

专家建议

孩子是天真的，不善于刻意掩饰的。因此，父母在日常生活中要留心观察孩子的言行举止，善于从中发现异样情况。如你没给孩子零用钱但为什么孩子花钱却很“慷慨大方”？孩子的学习用品、生活用品是否无故地多了出来？如果这些情况在你的孩子身上发生了，应找孩子心平气和地沟通，了解原因，再“对症下药”，有的放矢地进行教育。

父母是孩子的一面镜子。孩子不仅从父母的言论中受到教育，而且还会模仿父母的行为。因此，父母要以身作则，用自己遵纪守法的行动去影响自己的孩子。尤其是当父母有时无意中违反了某种规章时，应及时改正，并向孩子说明错在哪里和不改正的危害性。这样，孩子就可以得到“知错就改”的启示。

18 如果你帮奶奶干活，妈妈就给你钱

琳琳一家和奶奶一起生活，奶奶岁数大了，妈妈每天上班之前都要嘱咐奶奶，让奶奶不要太操劳。

可是奶奶看妈妈和爸爸上了一整天的班已经很累了，就想主动替他们承担一点家务劳动。

妈妈和爸爸看着奶奶每天做完家务捶腰的模样很是心酸。

于是爸爸和妈妈就想办法减轻奶奶的负担，把在屋里玩儿玩具的琳琳叫了出来，对琳琳说："如果你帮奶奶干活，妈妈就给你钱作奖励怎么样？"

琳琳一听可以拿到钱，很是欢快的就点头答应了。

我们生活的目的不是为了金钱，它只是众多消费品之一。我们热衷名牌，不是名牌能给我们带来羡慕的目光，只是因为名牌的质量更好，令我们穿着更舒适。

就像我们去旅行是为了提高自己的修养，品味，充实阅历头脑，接触更多的不同的文化和事物，品尝不一样的美味，让自己的胃口和大脑都变得灵活机动，并不是为了向人炫耀。

现代的家长和孩子，大部分都是同老人分开住的，不像以前一家几世同堂。所以难免宝宝和老人会出现隔膜感，父母着急呀，宝宝怎么就和爷爷奶奶姥姥姥爷不亲呢?这种情况，说教式大道理没用，需要一些技巧，激发宝宝对长辈的亲情与责任感。更不应该用金钱的方式鼓励孩子亲近老人。

称赞是最好的一种鼓励方式，对于孩子来说。因此，父母不要吝啬赞美的话，要经常对孩子说一些称赞的话，或是感谢的话。比如，父母可以夸赞孩子是多么的聪明能干或是感谢孩子的劳动为自己提供了很大的帮助。类似这种带有称赞的话语会增加孩子参与劳动的积极性，也会给孩子一种成就感。让孩子参加家务劳动，是让孩子学习的一个过程，也可以让孩子从中得到锻炼。但是在劳动过程中，失败是在所难免的，所以当孩子做家务遇到失败时，父母一定不要对孩子进行指责，而是要和蔼地告诉孩子，没有谁可以不经历失败就直接拥有成功，只要能从失败中吸取教训，就会有从头再来的机会。

最为重要的是，父母表扬孩子，可以采取口头的形式，尽量避免金钱，物质上的奖励。因为家务活是每个家庭成员都应该尽的义务，并且做家务的目的不是为了物质上奖励，而是为了锻炼和独立。

专家建议

那些获得关爱越充足的孩子，对物质的依赖越不明显。爱是不需要条件的。家长可以让他们通过自己的行动获得奖励，而不是用金钱来许诺让孩子乖乖听话或者勤快、孝顺。

家长应该让孩子从小就在思想感情上热爱和尊敬父母。要让孩子在行为态度上虚心接受父母的忠告和教诲；对父母要有礼貌；对父母的养育之恩应心怀感激爱戴之情；要做到关怀父母，为父母分忧解难。

第三章

不要敷衍了事，保护孩子的好奇与敏感

家长切勿一厢情愿地为孩子的事情自作主张，不要把自己的意愿和需要当作孩子的意愿和需要。孩子有自己的思维方式，有自己的做事原则，孩子不是傀儡，而是一个独立的人。

01 就这样吧，你要听妈妈的话

齐齐的学习成绩很好，而且还是班里面的班干部，各方面都很优秀，在学校里是同学们的榜样。齐齐深知作为一个班干部每一件事情都要起到带头作用，所以，无论是学习还是纪律方面，他都能做出很好的表率。老师常常夸奖齐齐是个“以身作则”的好学生干部。

这天，齐齐所在学校号召大家义务献血，为了让同学们踊跃响应，老师就先给学生干部作思想工作，希望由各班的学生干部先加入献血的行列。

齐齐回到家里，把这件事和妈妈说了，希望得到妈妈的支持。可是，齐齐刚把话说完，妈妈就大声地拒绝了：“不行！你怎么能去随便献血，你知道要吃多少营养品，你的血才能补回来吗？”

齐齐向妈妈解释道：“其实，正常人献一些血是不影响健康的。”

妈妈立刻反驳道：“你怎么知道？你还在长身体的时候，绝对不能献血。知道吗？”

齐齐还在和妈妈辩解：“老师希望班干部起带头作用，我可不能拖后腿！”

妈妈不容争辩：“拖后腿就拖后腿，你就和老师说你贫血。不要再说啦，就这样吧，你要听妈妈的话！”

齐齐无可奈何地回到了自己的房间。

生活中，很多家长都像故事里面的妈妈一样，面对孩子的问题不能给出合理充分的解释，但为了让孩子打消念头，便使出最后的绝招：“你是我生的，所以凡事必须都得听我的。”在这种强权教育下，孩子需要做的只是接受家长的指令，然后去执行就可以了。长期如此，孩子的独立精神、自主思维都成了父母意志的附庸。

如果父母在教育孩子时，只是一厢情愿、一意孤行，以为自己做的事情都是为了孩子好，而不去考虑孩子的想法和感受，把自己的愿望当成孩子的愿望，那么，事情的结果往往与父母的初衷相反。就拿故事里面的齐齐来说，孩子的愿望是能在学校里面起到班干部的带头作用，可是妈妈却认为这样会影响健康。只能出现两种结果：一种是孩子认为妈妈说的话没有道理，从此对母亲说的话产生怀疑；另一种情况相对来说更容易出现，孩子听从了母亲的意见，从此时时处处只想自己的利益，从此失去了乐于助人的好习惯，变成自私自利的人。无论是哪种情况都是家长们所不愿意看到的。

父母切不可压抑孩子的自我意愿，过分强调听话会影响孩子的正常发展，干扰孩子的思考能力，令孩子的个性丢失，从而导致缺乏创造力，使孩子成为一个毫无判断能力和无法独立生存的人。所以，父母要逐渐杜绝说此类话。

专家建议

当孩子向父母提出自己的想法和愿望时，只要是正确的就要尊重并帮助他们实现自己的意愿；如果确实是错的，也要以恰当的方式给孩子说明原因，千万不要一句“按我说的去做”解决问题。即使迫于家长威严，听从于你，最终也会与你对立，适得其反。

经常与孩子进行近距离的情感交流。如果孩子的想法或愿望合理时，家长不妨放手让孩子去独立完成，并加以鼓励。

02 你是小孩子，懂什么

可儿和邻居家的姐姐处得挺好的。可儿是人小鬼大，虽说刚上初二，可是知道的东西还不少，邻居家姐姐的许多感情上的烦恼都可以和这个小丫头交流。姐姐常问可儿：“你这些感情方面的知识都是从哪里学来的？”

可儿总是笑笑说道：“呵呵，都是电视上面看来的呗，我可是天生有这方面的才能。”

说完，两人便笑成了一团。

最近姐姐和男朋友闹了一点别扭，两人正在冷战中。这天，妈妈和姐姐还有邻居家的阿姨正在说这件事：“你应该原谅他的，男孩嘛，总是有点粗心的。”

姐姐说道：“哼！饶了他这回，那下次更上脸了……”几个人正聊得起劲，可儿也连忙把头凑了过来，搭茬道：“哎呀，姐姐你应该原谅他这一次，就会显得你宽宏大量……”

妈妈看到女儿居然打断了大人的谈话，立刻喝道：“你在这里干嘛？大人说话，小孩别插嘴！你懂什么？回家写作业去！”

可儿小声地嘀咕：“谁说我不懂的。”妈妈狠狠地瞪了可儿一眼，可儿只好灰溜溜地离开了。

日常生活中，父母在说话时，如果孩子插嘴，父母便会制止：“大人说话，小孩别插嘴。”家长们觉得这样的话语并没有什么不妥，自己是大人，孩子是小孩，孩子“乱”讲话就是没礼貌。事实上，父母的这种想法太过于专制了。

大人与孩子的世界虽然不同，但应该是平等尊重的。“小孩子懂什么”类似的话，往往会伤害孩子的自尊心。生活中，如果每件事情父母都要替孩子做主，那么孩子就会失去自我思考的机会，逐渐养成被动的习惯和依赖父母的思想。

如果大人们把大人的世界和孩子的世界划分得太清楚了，不把自己的孩子当成一个和自己平等的人来对待，不给予他们应有的尊重，那么孩子就不会信任大人，有事不会和大人说，而是把所有的心事都放在心里。

所以，家长要正确面对孩子的这种对成人世界的新奇，给孩子提供机会让他参与到一些“大人们的事情”的讨论中，培养孩子分析问题和解决问题的能力，才能让孩子健康成长。

专家建议

家长要注意，孩子有发言的权利，应该尊重孩子的表达需要，让他自由发表个人的意见，而不要扼杀他们的天性。

积极为孩子创造条件和机会，让孩子尽快尽早地了解成人的世界，了解真实的社会。如果大人的谈话确实不便孩子在场，可适当地安排孩子去做一些别的事，转移孩子的视线，而不要呵斥着打断孩子的话语，说“你是小孩子，懂什么”这类的话语，这会伤到孩子的自尊心。

03 我不管了，你想怎么样就怎么样

小东今年刚上高一，成绩不是很好，所以，爸爸妈妈就张罗着给他找各科的补课老师，觉得从现在起抓紧学习的话，可能会在高考到来前把成绩提高上去。这样一来，小东几乎没有一个休息日。同学们都在休息玩闹的时候，小东却只能做着一堆堆作业、考卷。

这天，小东的好朋友明子过生日。小东很想去参加他的生日晚会，可是，小东晚上正好需要去补习英语。于是小东便向爸爸说明了这件事情，希望爸爸同意今天可以不去补习。可是爸爸听完他的话，非常生气，说道："玩玩玩，你就知道玩！你给我好好去补习，你知道一节课要花多少钱吗？"

小东回嘴："不知道！整天都是学习、学习，我都快要疯了，今天是好朋友的生日，一年只有一次，难道这样你都不允许吗？"

爸爸喝道："不行就是不行！没有什么理由，你要是不听，你就别回这个家了。”

小东也被爸爸的话气坏了，大声嚷道：“好，不回就不回！”

爸爸看到儿子居然真的敢顶嘴，骂道：“行啊！既然这样，我不管了，你想去哪里就去哪里，想怎么样就怎么样吧！”

小东头也不回地摔门而去……

现实生活中，孩子离家出走的事件屡有发生。很多人认为，离家出走的主要原因在孩子身上，但许多情况下，孩子是被父母的话逼出家门的。

冲突爆发时，父母与子女双方唇枪舌剑，互不相让。有些父母利用孩子依赖性强的特点，动辄就用抛开不管一类的话来恐吓孩子，发泄对孩子的不满。

“你滚吧，想去哪里就去哪里！”

“行，既然这样，你想怎么样就怎么样吧！”……

父母说出这些最后通牒式的话来，不过是想逼迫孩子就范。当然这话并不是当真的，只不过想以它来结束这场口舌之争。但是孩子没法应对。不少个性要强的孩子，因为忍受不了父母的嘲弄逼迫而离家出走。

父母用“我再也不管你了，你想怎么样就怎么样”之类的话来恐吓孩子，发泄自己的不满和怒气，这对解决冲突是没有一点帮助的，反而会使孩子产生消极的情绪体验。以情感人，以理服人，这条最基本的原则也是父母在处理亲子矛盾时需要把握的准则。因此在任何情况下，父母都不应该用这句话来要挟子女，迫其改过，应该和孩子做好沟通。

专家建议

当孩子有错时，父母应该明确指出，即使在批评孩子的时候，也应该让他感受到父母的慈爱和深情的关切，从而产生自强、自信、向上的力量。否则，即使孩子一时屈服了，也于事无补。

不要对孩子随意地怒喝，发脾气，说些“你想去哪里就去哪里”的话语，这对于孩子，特别是那些处于逆反期的孩子而言，实际上就是“赶他们出家门”，会伤害到孩子的自尊心和对父母的感情。

“哪里有压迫哪里就有反抗”，这句话用来说父母对于子女似有不妥，但是，它足以说明：父母教育子女也需以理服人，以权威来管孩子只会使矛盾激化。

04 你是捡回来的，在大街上

楚楚的妈妈这几天总是忧心忡忡的，一件烦心事惹得她几天几夜睡不好觉。原来，妈妈在楚楚小时候随口说过的一句玩笑话，一直伤害着楚楚。如今，女儿长大了，在最近和母亲的一次争吵中，说出了这件事……

楚楚小时候是个“十万个为什么”，特别喜欢问问题。有时候，问得妈妈心烦，妈妈就会胡乱说一些话敷衍她。有一天，楚楚问妈妈：“我是从哪里来的呀？”妈妈正在忙着手中的家务活儿，就随便回答道：“你是我从大街上捡回来的。”

时间过得很快，转眼女儿都是初三的学生了，已经长成一个婷婷玉立的大姑娘。最近楚楚因为考试成绩不太理想，妈妈批评了她几句，楚楚就和妈妈顶起嘴来了。妈妈在气头上就给了她一个耳光。谁知，楚楚竟然恨恨地对妈妈大叫着：“你就打死我吧，反正我不是你的亲生女儿，我是从大街上捡来的……”

妈妈这时候才恍然大悟，想不到自己过去的一句玩笑话居然会在女儿幼小的心灵上留下这么大的伤疤，此时母亲已经后悔莫及了。

现实生活中，很多孩子会疑惑地问妈妈：“我是从哪里来的？”而妈妈们的回答大多都是搪塞式的语言，什么“你是我捡来的呀”“你是我从路边抱回来的呀”。母亲们不知道，幼年的孩子是没有准确的判断能力的，于是小小的心灵就会被一句“捡来的”纠缠着，将信将疑又充满恐惧，生怕自己不是妈妈亲生的，有一天终要被母亲遗弃。

母亲应该明白，孩子询问“我是从哪里来的”，甚至一些更具体的问题是正常的，说明孩子的观察力和思维能力已经到了一定的程度，表示孩子开始对自身的由来和存在感兴趣了，对生命的奥秘产生了好奇。母亲是孩子最亲近的人，孩子渴望从她那里得到答案。

可能大多家长羞于讲述性知识，就随便和孩子开玩笑说“是捡来的”。这样的结果，会让孩子心存疑惑，可能当孩子长到更大时，他们必然会对更多身体方面的知识产生疑问，会对性产生神秘感，进而自己去猜测，去探求，很可能得出错误的结果，这会影响到孩子的健康成长。

专家建议

对于孩子“我从哪里来”的问题要给予充分重视，在讲述必要的性知识的同时注意不要欺骗孩子。

母亲不要在这个问题上面误导孩子，孩子没有判断力，又缺乏安全感，父母的话会让孩子的心灵受到极大的伤害，甚至怀疑母亲的爱。曾经发生过多起孩子因为听信了父母说的“自己是捡来的”而离家出走去寻找亲生父母的事件。

05 小孩子，问那么多做什么

沈括是我国宋代著名的科学家。他小时候就对周围的事物充满好奇，他爱打听，爱观察，爱把见闻记下来。每当生活中碰到不明白的地方，小沈括都会习惯地去问父亲。他的问题还真多，面对儿子的好奇心，父亲总是鼓励小沈括先自己思考，所以父亲每次都不直接告诉他答案，而是一步步地引导他，启发他，让他自己推理，找到结果。

每当小沈括对什么问题产生疑问时，父亲都鼓励他说出来，并记录下来，和他一起分析探讨。这让沈括养成了良好的习惯，对事物之间存在的差异做出自己的分析思考，这为他后来编撰传世之作《梦溪笔谈》打下了坚实的基础。直到今天，《梦溪笔谈》里记载的很多自然规律和生物习性仍然被后人参考。

生活中，很多父母面对孩子的好奇心，总是会如此抱怨："小孩子，问那么多做什么？"这样一来，孩子好奇的天性似乎成了他们的一个缺点，会被父母批评、责备。时间久了，孩子强烈的求知欲望就会被抑制。

孩子的好奇心真的像父母们所说的那样没有任何好的作用吗？事实并非如此，好奇心是创造力的源泉，而创造力又可以奠定一个人日后成功的基础。我国著名教育学家陶行知先生说："发明千千万万，起点是一奇。"好奇是走向成功的第一秘诀。瓦特小时候，发现壶里的开水把壶盖顶起的现象，便产生了好奇，经过长期试验，最终研制出先进的蒸汽机；牛顿看到苹果从树上掉下来，而不是飞向其他方向，从而产生了一连串的疑问、好奇，经过长期研究，终于发现了万有引力定律。

金马在《21世纪罗曼司》中曾经这样说："在创新将成为人类赖以进行生存竞争的不可或缺的素质时，依然采用一种循规蹈矩的生存姿态，则无异于一种自我溃败。"父母过分地压制孩子的好奇心，会阻碍孩子迈向成功的脚步，应保护孩子的想象力和创造力，因为想象力是发展创新思维的前提。

除了发掘他们的想像力和创造力外，家长还要善于引导和培养孩子的好奇心。面对孩子别出心裁的新花样和恶作剧，千万不要气恼，更不要责怪孩子，相反应该要高兴，因为这正是孩子创新精神的体现。

专家建议

鼓励孩子多提问题。好奇心是推动孩子进行创造性思维的内在驱动力。当孩子不断提出各种各样的问题时，家长不必像百科全书一样的给孩子所有的标准答案，父母要做的是鼓励和引导孩子通过自己独立思考来寻找答案。

面对孩子的好奇心，父母切不可责备或是不耐烦，而应该与孩子并肩探讨未知的世界，成为孩子的朋友和伙伴。这样既能提高孩子的知识水平，又可以拉近亲子关系。

06 实在太难看了，你竟然还喜欢

这天是小云的好朋友远远的生日，小云正在犯愁给她送什么样别具特色的礼物呢。因为，远远再三告诉她，千万不能送一些没有创意的礼物！小云想：“什么叫有创意呢？呵呵，看来远远是想检验一下我们的友谊了。”此时，小云突然看到了家里的漂亮窗帘，她心生一计。

小云买来很多包装纸，然后自己亲手折了很多千纸鹤，把这些纸鹤穿起来，哇，一幅美丽的窗帘就呈现在眼前了。小云得意地对自己说：“小云，你真是一个心灵手巧的女孩呀，这个生日礼物看来是绝对充满创意的了！”

小云把做好的窗帘拿到客厅，想让妈妈也瞧瞧自己的“伟大制作”，可是，没想到妈妈看了一眼窗帘，居然不屑地说：“这是什么？实在太难看了，你竟然还喜欢？眼睛都笑眯了！”

小云没好气地说道：“对，我就是喜欢，这是我亲手做的‘难看’的东西。”小云转身回到了自己的房间，妈妈突然有点后悔了，怎么就随口说出这样的话呢？

故事里面的小云兴高采烈地拿着自己觉得非常美丽的东西给母亲看，可礼物居然被母亲评价为“难看”，这怎能不让女儿伤心呢？妈妈的话很显然伤害了孩子的自尊心，让他们对自己产生了怀疑，认为自己笨，没有鉴赏能力。

如果母亲婉转一点回答，不要说出这么生硬的话，那就不是这种效果了。妈妈可以这样和小云说：“这个窗帘看起来挺不错的，不过，我觉得颜色稍微艳丽了一点。如果颜色素净一些的话，我会更喜欢的。”这么说不会引起女儿的反感，不会使她为了维护自己的自尊而坚持原来的看法，她可能会重新考虑其他的选择，接受母亲的观点。

有时，孩子会做出一些大人们看起来无聊的事，要知道，这是孩子好奇心的体现。每个人都有自己的审美观，父母可以不喜欢，但不能干涉，更不能用“实在太难看了，你竟然还喜欢”这类刻薄的话来扼杀孩子的好奇心，从而影响孩子的智力发育，束缚孩子的创造力。

专家建议

父母可以对孩子不合时宜的审美进行引导，并说出自己的看法，也可以尽力培养孩子的审美情趣，但前提一定是：不要要求孩子必须和你一致，要尊重他的选择。

不要嘲笑孩子的个人喜好，他有权利选择自己喜爱的东西，他们有权利不和别人的眼光保持一致。倘若完全否定了孩子眼中认为的“美”，很可能使他们在今后的日常生活中，对自己判断能力产生怀疑。因此，父母要尊重孩子与众不同的个性，包括他的审美眼光。

07 等你赚钱了，再去捐款吧

晓艳班上有个女孩不幸患上了白血病。家里面为了给她治病已经花去了很多钱，也借了很多钱，但是现在要想让女孩继续活下去必须进行骨髓移植，可是这得花一大笔钱。学校知道了女孩的情况，号召全校师生踊跃给女孩募捐，让她早日回到学校学习。

作为同班同学，晓艳觉得自己应该首当其冲地去给女孩捐款。她回到家里把这件事告诉了母亲："妈妈，我们班有个女孩患了白血病，老师号召我们给她捐款，做手术！"

妈妈皱着眉头说道："哦？捐款？你们还真有爱心呀！"

晓艳接着妈妈的话茬说道："这个女孩，现在必须进行骨髓移植，要不然可能就有生命危险。所以，这个钱一定要捐。"

妈妈却回绝了："钱，我是不可能给你的。捐款？你一个小孩子，现在吃穿都是花家里的，你有什么能力去捐钱助人？"

晓艳没有想到妈妈居然会说出这样的话来，觉得很意外：“妈妈，她这么可怜，你难道都没有爱心吗？”

妈妈火了，说道：“我没有！等你自己赚钱了，你再奉献你的爱心吧！”

每个孩子天生就有怜悯之心，有乐于助人的愿望，可是现实生活中，很多父母非但不支持，还冷嘲热讽，说些“你现在吃穿都花家里的钱，哪有什么钱去捐款”之类的话，这些话一方面捏碎了孩子的爱心，另一方面则是在践踏孩子的尊严。

有爱心，懂得关心和爱护他人是一种非常宝贵的品质，所以，千万不要用粗暴的语言浇灭孩子纯真的爱心，而要对孩子天性中的善良给予呵护和支持，这样孩子才能学会关爱别人，更学会敬爱父母。

如果家庭经济条件真的很糟，父母也不要否定援助他人的正确性和必要性，但要告诉孩子家庭的真实情况，让孩子了解家庭的难处，并且在保证家庭的收支平衡的情况下竭尽全力支持孩子援助他人。此外，家长还可以动员孩子用自己的零用钱救助他人，比如让孩子设立一个救助金账户，定期从零用钱中扣除部分存入这个账户，这样当孩子想要为某人募捐时，就可以用“自己的钱”去做好事了，这样孩子更有成就感。

专家建议

在遇到孩子身边的人需要帮助的时候，应该鼓励孩子去关心、帮助他们。家长还应在身边指导孩子如何去帮助那些有事相求的人，帮助他们解决困难。

在平时可以带孩子参加一些募捐活动，如“希望工程”等等，通过这些活动可以培养孩子良好的助人为乐精神。当然也要告诉孩子："要想给别人一杯水，自己得先要有一桶水。"帮助别人也要在自己能力允许的范围之内。要告诉孩子："每个人都有需要别人帮助的时候，要学会去帮助他人，当你有困难的时候，别人也会给予你帮助的。"

"身教胜于言教"。家长是孩子的一面镜子，父母的一言一行，都会在他的身上反映出来。因此，家长在培养孩子爱心的时候，自己要首先富有爱心。比如：在公交车上，你能主动为老年人让座；过马路时，你能身体力行地扶老年人、盲人过马路等。你的行为孩子会看在眼里、记在心上的。

家长要教育孩子学会节俭，然后用自己省下的钱去帮助别人，那比用父母的钱去帮助别人更有意义。

08 你怎么这么不合群，总是独来独往

小楼不太喜欢和同学们一起玩耍，因为，他总觉得和大家在一起打闹是一件很幼稚的事情。他认为那不如自己看书或是独自去郊游来得更为潇洒、惬意。他特别欣赏武侠小说里面的那些独来独往的古代侠客，小楼欣赏他们那种自由自在、不受任何束缚的生活。他也希望自己能够有侠客般的气质。

可是，小楼的妈妈可不认为这种独来独往的性格是个好现象，她觉得孩子必须得和伙伴们一起玩闹、一起交往，才是正常的，像小楼这样的性格太过孤僻。妈妈经常对小楼说："你不要这么不合群，应该多和朋友在一起玩，一起谈心，这样的生活态度才是积极的，总是关起门来，一个人待着，会越来越怪异的。"

小楼每每听到妈妈的这番话，总是冷冷地回绝："我喜欢这样一个人安静地待着，我觉得这样很好。我喜欢如此。"

面对孩子的固执，母亲几乎是无计可施了。那天，母亲单位组织到外地去旅游，妈妈想带着小楼一块儿去，因为，这次旅游会有许多和小楼同龄的孩子一同前往，妈妈觉得这是一次好机会，可以让小楼多接触一些朋友。但小楼还是拒绝了妈妈的安排："不，我不去，和一群孩子在一起多没劲呀。"

妈妈问道："你自己不也是孩子吗？"

小楼摆摆手："反正我是不去的，我再次申明我喜欢独自一人。"

妈妈无可奈何地叹了一口气："唉，你怎么这么喜欢闹别扭呀！"

世界上没有两片相同的树叶，同样的，人的性格也是各有千秋的。有人性格外向，有人则很内向。成人的性格往往在孩童时期就已经形成，所以，生活中和故事里的小楼性格相近的孩子并不鲜见。

然而父母们却不允许自己的孩子整天一人独处，多数父母都希望自己的孩子处事积极、性格活泼。因此，许多性格内向孩子的父母都为孩子忧心忡忡。有些父母还会因为孩子的这种个性而责备孩子："怎么整天死气沉沉的？""整天就像个小老头一样没精打采！"……然而，这种方法却很难奏效，因为愈加责备，就愈容易使孩子畏缩、消极，造成孩子心理上的负担。尤其是以命令的口气说话，将对孩子造成很大的负面影响。

有些父母鼓励性格内向的孩子和一些性格外向的伙伴一起相处，可是，他们不知道，内向的孩子和活泼好动的孩子相处时，反而会产生更大的压力，内心中会形成一堵无形的心墙，更加重孩子的内向。

所以，不要试图改变孩子的性格，不管孩子性格是否内向，只要孩子心理健康，能够快乐的成长，就可以尊重孩子的选择。

专家建议

父母不要强求孩子的性格与别人一致，更不要斥责孩子性格不好。在这点上应该给孩子足够的空间，对孩子宽容一点。即使孩子的性格具有某些不好的倾向，也不要强迫孩子改变自己的性格。此时父母应该做的是，和孩子进行心与心的交流，抓住孩子的性格特点，找出孩子性格特别的原因所在，对症下药。

培养孩子个性的时候，不要逼迫孩子必须和父母认为优秀的孩子性格一致，要鼓励孩子拥有自己的个性。父母要让孩子理解，人不是个体的，而是社会的，人不需要刻意去改变自己的个性，但必须适应环境，适应社会，这样才能使孩子健康成长。

09 自己脑袋笨，别找借口

明明今年15岁，是初中二年级的学生，自幼聪明活泼，年年被评为三好学生。上初二后，任课老师换了，明明不习惯老师的教学方法。一次数学题没做对，老师让他写10遍。他想不通，自小学到现在，老师从没有让自己重写过作业，自己的作业总是打满了红勾，几乎篇篇都是100分，可是现在居然被罚重写！明明感到十分委屈，在他的心目中数学老师的形象一落千丈，从此不愿学习数学，上数学课时，不愿听讲、作业不完成，数学成绩明显下降。

数学课的受挫使明明变得情绪低沉，甚至每天早上醒后，不愿起床，不愿面对同学及老师。到学校里，经常感到心烦、恶心、呕吐，坐在教室里头昏昏沉沉，老师讲课一点也听不进去。对学习不感兴趣，感到学习太累，尽管想努力学习，可是自己却老是管不住自己。所以，总是位于班里成绩第5名，当然是倒着数的。

有一次，明明又一次拿到了“大鸭蛋”，心里面难过极了，老师还要求大家必须拿着考卷回家给家长签字。明明硬着头皮把试卷拿给爸爸看，爸爸自然恼怒无比：“你还真可以，整天都给我抱‘鸭蛋’回来，说，为什么成绩越来越差劲了？”

明明回答道：“我不能适应数学老师的教学方法，所以，成绩就这样了……”

爸爸直接给了明明一个耳光：“什么？成绩差还要埋怨老师，是你自己脑袋笨，别找借口了！”

在现实生活中有很多像明明一样的孩子，这些学生在家中表现很乖巧，在学校很听话，学习成绩一直很优秀，但这些孩子往往比一般孩子心理脆弱。当孩子进入初中后，对学习的渴求增加，对学习成绩看得十分重要，加之父母对孩子的期望值较高，希望初中毕业后考入重点高中。所以，当孩子某次考试失利后，极易出现情绪波动，产生厌学情绪。有的孩子进入初中后，由于课程较多，不适应初中的学习而产生厌学情绪。有的孩子经不住老师的批评，对批评他的老师所教的课程，产生消极心理，不愿听课，而使学习成绩下降，久之，产生恶性循环，即越是心情不好，学习成绩越是不好。而面对这样的问题，父母只会一味地在孩子身上寻找原因，只会责怪孩子不用功，喜欢找借口，甚至不给孩子辩解的余地，使孩子越发自暴自弃。

另外，现在大部分都是独生子女，从小在成人的呵护下长大，经不住人生的风风雨雨，而且目前家庭教育普遍存在缺陷，重养轻教、只养不教的情况较为普遍，很容易使孩子形成以自我为中心、依赖父母、任性的性格，只能适应顺利的情境，受不得委屈和挫折。当在学校遇到困难或挫折时，易出现情绪波动，情绪低沉，对学习不感兴趣，导致学习成绩下降。

面对孩子成绩差的事实，家长应该全方面地分析原因。既从老师的教学方法上分析，又从孩子的学习态度上寻找。父母不妨尝试着和孩子进行深入的沟通，找出学习差的真正原因，然后“对症下药”。这样一来，孩子的成绩不但得到有效的改善，他们的不良情绪问题也一定会得到调整的。

专家建议

当孩子出现成绩突然变差的情况时，父母不可立刻把全部责任归在孩子身上，要从各方面具体分析，帮助孩子树立起自信心，如此孩子就会逐渐对学习感兴趣，学习成绩就会提高。

如果孩子心理脆弱，要有意识地安排逆境场面，创造磨练孩子的意志的机会，让孩子在实践中锻炼提高，使他们慢慢地坚强起来。

当孩子对老师产生抵触情绪时，家长应该让孩子发表对学校和老师的看法，真正了解孩子的内心，如果问题的主要原因在于孩子，就要帮助孩子认识自己的错误，从而提高他们适应新环境的能力。并且，让孩子站在老师的角度，了解和体谅老师的难处，逐渐减轻孩子对老师的抵触心理。除此之外，家长还应和学校老师进行沟通，积极配合老师教育孩子。

10 你这么邋遢，就像个叫花子

很多父母都喜欢自己的孩子讲卫生、爱干净，蓬蓬的妈妈就是这样的。

蓬蓬的确是一个比较“邋遢”的男生，因为是学校篮球队的队长，所以每天除了学习就是练习篮球，每次回到家里，就把自己满是汗渍的衣服和袜子随便往墙角一扔。可想而知，这样的房间自然是非常不整洁的了。

可妈妈却是一个特别喜欢干净的人，每每帮蓬蓬打扫房间，都会气不打一处来，蓬蓬的房间实在是太乱了。妈妈常说：“我要是今天帮你整理完房间，可能整天都不用干别的事情了，这会花掉我10多个小时。”面对妈妈的抱怨，蓬蓬总是嬉皮笑脸地回答：“那您就不要管我的房间了，我习惯臭气熏天的环境！”

这天，蓬蓬需要到外地比赛，可是到处寻找自己的那双篮球鞋，却怎么也找不到。蓬蓬只好求助妈妈："你看见我的那双球鞋了吗？那是我的'胜利球鞋'，比赛只要穿上它，我就所向披靡了！"

妈妈冷冷地回应道："就在你的房间里，自己去找！"

蓬蓬说道："在哪里呀，我找不到，你告诉我啦！"

妈妈皱着眉头说道："先把你的房间收拾干净，不要像个叫花子一样！"

故事里面的蓬蓬和现实生活中许多男孩子一样，不太喜欢讲卫生，经常把自己的房间弄得乱糟糟的，父母经常为了这样的问题批评孩子，甚至用些讽刺的语言责骂孩子："看看你的猪圈吧！""你的这个房间还能住人吗？"……

父母的心情是可以理解的，希望孩子讲卫生爱整洁，可是训斥孩子的房间是"猪圈"，这很可能伤害到孩子的自尊。面对这样的问题时，家长不妨学会一点幽默的表达方式。一个家长发现孩子把房间弄得乱七八糟时，没有像其他家长一样训斥孩子："看看这乱七八糟的，你简直是一头猪！"而是装出非常可怜的样子，用虚弱的声音说："哎呀，房间那么乱，我快要昏过去了，快来扶我一把。"孩子把妈妈扶到外面的沙发上坐下，然后飞快地跑回自己的房间，很快把自己的房间收拾干净了。

这种充满爱意的表述方式，不但让孩子意识到自己的不足，同时会让孩子在轻松幽默里面明白父母对自己提出的要求，这种教育更容易被孩子接受。

专家建议

如何与孩子交流，是一门科学，一种智慧，也是交际的艺术。艺术地交流，不但能帮助父母表达自己的想法，还能帮助父母听到孩子心底不同的想法，从而可以使亲子之间的交流能够畅通无阻。切不可对孩子说些谩骂和讽刺的语言。

如果父母想要批评孩子不讲卫生或是一些不良习惯的时候，不妨给他们写封信或是留张小纸条。在教育孩子方面，写信交流常常会收到意外的收获，这是一种“润物细无声”的平等交流的好方法。

家长应指导孩子亲自收拾自己的房间，并在节假日时帮助父母打扫他们的房间，然后，要对他的“作业”给予肯定。让孩子意识到，住在一个整洁的环境里，再灰暗的心情也会变得明亮起来，从而在今后会自觉地承担起这一义务。

11 哄阿姨开心，挑“好听”的话说

这天隔壁邻居家的阿姨剪了一个新发型，可是看起来有点可笑，因为这个头型一点也不适合阿姨的年龄和身份，怎么看怎么觉着别扭。

阿姨来到铃铛家串门。此时，铃铛正在客厅里看电视，阿姨和她打招呼：“铃铛，在干嘛呢？”

铃铛回过头来看到阿姨的样子，立刻忍不住笑了出来。妈妈瞧见铃铛这个样子，立刻打断了她的笑声，回应阿姨道：“哟，今天换了个新头型呀？”

阿姨得意地抚了一下头发说：“对呀，花了200元呢，怎么样？看起来很时髦吧？”

妈妈夸张地笑着说：“当然，非常时髦，太漂亮了。”

阿姨喜上眉梢，便也问了铃铛：“你说阿姨的这个新发型怎么样？”

铃铛没有立即回答，她悄悄地望了妈妈一眼，只见母亲给她使了一个眼色，妈妈小声提示孩子道："你要哄阿姨开心，说点好听的话。"

铃铛心里有数了，她也学着妈妈笑嘻嘻的样子回答道："嗯！阿姨的发型看起来相当时尚，起码年轻了5岁！"

隔壁阿姨这下笑得花枝乱颤的，直夸铃铛聪明懂事。

可是，铃铛心里面犯嘀咕了："原来，大人们总喜欢听些好听的假话呀！"

也许故事里面的妈妈不想让孩子说些让大人感到尴尬的话语，才叫她"说点好听的话"，而这些话其实也就是假话了，母亲无形中在误导孩子说谎。

的确，有时候说真话需要看场合。孩子本来纯真可爱，童言无忌，张口就来，而大人有时候会不知不觉地教会孩子察言观色，想说的不敢说，不想说的却说，一切都受目的的牵制。而这种功利和世故显然是不应该出现在一个孩子身上的。

不要玷污孩子纯净的心灵，请对他们施予正确的教育。如果父母言行不一，教育孩子是一套，做起来又是一套，孩子就会受到暗示，跟着模仿。教育是鼓励诚实，而不是纵容虚伪。不要赞扬孩子为达到某种目的而做出的不诚实行为，让孩子尽量保持真实的本色。

专家建议

教育孩子就要首先严格要求自己，以身作则，父母自己必须诚实，然后才能教育孩子诚实。在这一点上，身教远胜于言教。

家庭教育的成败或质量的高低，主要取决于家长是不是一个“合格”的教育者。

要教育孩子认识不诚实的危害。尤其要针对社会生活中种种不诚实的现象，对他们讲明原因，论述危害，使他们产生抵制力、排斥力、免疫力。

要及时纠正孩子不诚实的言行。鼓励孩子说真话、办实事，从小养成实事求是的态度、作风。

最后，如果孩子一句不合时宜的实话影响了某种氛围，家长也不可当场指责孩子的无礼。如果家长这样做了，会使孩子产生一种不说真话的心理，从而在以后的言谈举止中，失去了说实话的勇气，从而也慢慢失去了做人的基本标准。

12 闭嘴，小孩子别问那么多

珊珊是个满脑子充满幻想的女孩，和其他孩子一样，别看她小小年纪，却有问不完的问题，“为什么蛇没有腿也能走”“为什么太阳到了晚上就不出来”“为什么电灯发光”……只要有不明白或迷惑的地方，她都想问，都要问，也敢问，有的问题甚至超出大人们的想像和回答能力。珊珊的父母开始时还有一定的耐心，再加上孩子的问题很简单，几句话就能解答清楚。但随着她的问题难度加大，父母就感到招架不住了。

这天，珊珊看到动画片里面的青蛙感到很奇怪，她想，为什么小青蛙一会儿在水里，一会儿又在岸上了？珊珊脑子里面充满了问号，她走到厨房去询问正在忙着做饭的妈妈：“为什么小青蛙在岸上不会死掉呢？”

此刻妈妈正忙得不亦乐乎，根本没有功夫回答孩子的提问，所以就随便敷衍了一句："它是两栖动物呀。"这个回答越发地激起了珊珊的求知欲望。珊珊继续问起来："什么叫两栖动物？"妈妈这下彻底地不耐烦了，道："小孩子，问这么多干嘛？整天都是'十万个为什么'！"

珊珊显然被妈妈大声的呵责吓住了，"呜呜"地哭着跑回了自己的房间……

对孩子来说，他们眼中的世界是由一个个问号构成的。由于认知水平的限制，他们对什么事物都感到好奇和难以琢磨，所以他们通过提问试图从他们的第一任老师——父母那里寻找答案，以此满足其好奇心和强烈的求知欲。可悲的是，现实中，多数父母以简单回绝的方式对待孩子，造成学龄前的孩子还有问题可问，上小学时除了书本知识，问的问题渐少，到中学不是不问而是不会问问题了。

天文学家卡尔·萨根曾经说过："每个人在他们幼年的时候都是科学家，因为每个孩子都和科学家一样，对自然界的奇观满怀好奇和敬畏。"孩子的问题多说明他很聪明，父母作为孩子的第一任老师，要尽可能地去为他们解答问题，并且鼓励孩子多提问，而不是责怪孩子问题太多。

珊珊妈妈的处理办法属于最简单也是最低层次的回答方式。对孩子的提问置之不理，直接后果是打击孩子对知识的渴望，熄灭他们思维的火种。孩子提出问题的欲望在父母的呵斥下受到不该有的压制，这是值得反思的。要知道父母帮助孩子学习，无论这种学习是认知、情意或技能方面的，都必须先唤起孩子学习的求知欲和好奇心，才能产生持久的学习欲望。

因此，家庭教育中，应坚决摒弃这种简单答问方式。

专家建议

面对孩子的提问要有耐心，因为此时父母的态度是十分重要的。简单的回答可能会扑灭孩子似火的求知欲，很多孩子长大后，缺乏好奇心，跟父母的教育方式不当有很大的关系。

当孩子提出的问题超出父母的能力范围时，父母不要搪塞应付，要敢于坦承自己的无知。

最有效也是最科学的方法是和孩子一起寻找资料，共同寻找问题的答案，在此过程中，还可以交给孩子一些学习的方法。

要鼓励孩子多提问，而不是责怪孩子整天都有问题，孩子的天性就是充满了对这个世界的疑问，作为父母应该尽可能地去解答他们的问题，不要让孩子生活在似是而非的疑惑世界里。

13 怎么就知道乱花钱

佳佳每周都会有50元钱的零花钱，可是佳佳每次不到周末钱就花没了。

为什么呢？原来佳佳喜欢买一些小饰品和漂亮的笔。虽然佳佳的笔有很多都用不完，可是佳佳一见到好看的笔又忍不住将它们买下来。

如果这周的零花钱没有了，就背着爸爸妈妈跟爷爷奶奶要。

这天，佳佳正从爷爷奶奶手里接过钱，就被妈妈发现了。

妈妈生气道：“周天刚给你的钱，周三就没了，怎么就知道乱花钱。”边说边把爷爷奶奶给的钱夺过去，还给了爷爷奶奶。

在大人的世界里“理财”这个词非常普遍，但是在孩子的世界里出现这个词就有点不同寻常了。有些家长在听到让孩子理财的时候，会有点不理解，“小小年纪就让他们有钱的意识，合适吗？”“孩子理财？会不会有点太早了？”其实，灌输一些金钱的观念给孩子，还是非常有必要的。

随着孩子们的逐渐长大，他们会认识到钱的“好处”，钱能够买很多零食和玩具，在这个时候就要开始培养孩子对储蓄的兴趣。可以领着孩子一起去银行，用孩子的名字开立账户，将孩子的压岁钱和平时积攒的零花钱存进去。并且适时地对孩子讲一下银行的作用，以及利息的计算。这样，真金白银的利息收入可以让孩子充分感觉到储蓄的妙处。

零花钱的供给也可以采用定量的方式，但是，父母在供给的周期上应采用适度拉长的方式，比如随着年纪的增长，周期也变少，在这样的情况下，孩子会觉得自己有一定自主支配权，这样的自由会让孩子对理财产生一定的兴趣，对培养孩子独立自主的行为方式也有好处。虽然给孩子一定自由，但零花钱的供给也要适量，避免孩子过于铺张浪费。同时，还是应该坚持“家庭小银行”的做法，以“利”诱惑孩子，提倡孩子节俭。

孩子有了一定积蓄后，可以让孩子动用自己的积蓄去购买，一些必需的“大件”用品，比如衣物、运动器具等，这样的做法可以让孩子产生成就感，并且能让孩子懂得储蓄对于满足需求的作用，进一步对理财产生兴趣。

只要家长塑造孩子正确的理财观，引导他们采用合理的理财方式，不要横加干涉孩子的理财细节，那么孩子便可以获得一辈子受用的金钱价值观。

专家建议

周期性的零花钱对孩子来说，数目不小，为了防止孩子毫无节制地乱花，父母应该帮孩子先制定合理的消费计划，，从必需用品到可有可无的东西，将事物按照重要性依次排列。消费的时候，也按照这个次序，以便养成孩子有目的消费。

孩子拥有自己的零花钱之后，就要让他学会怎样花自己的钱，这样孩子才会珍惜钱的来之不易。在花钱的时候同孩子一起协商，如学费、教材费用或是全家一起的花费就让父母出钱。可是当孩子想要自己买玩具，或者给同学买礼物时，就要自己付钱。用这样的方法给孩子树立合理的消费观。

14 别管了，那和你没有什么关系

四岁的桑桑和妈妈在公园散步，桑桑手里拿着枯叶。

这是桑桑抬头看见一枚红色的枫叶正从树上飘落下来，于是好奇地问道："妈妈，为什么树叶都掉下来了呀?"

妈妈一怔，想了半天不知道该怎么回答，于是说道："别管了，那和你没有什么关系，玩你的就行了!"

桑桑抬头看了眼大树，闷闷回到道"哦"。

作为家长当孩子对你提出问题的时候，家长必须鼓励孩子探索的心理，家长或许没有涉及很广的知识面，但是对于孩子的问题我们的回答不一定要科学专业，但可以如诗如画，让孩子也可以动脑思考。

家长因为自己的不当行为破坏了孩子的求知欲和好奇心，当他们有空关心孩子的时候，孩子对事物的求知欲早就没了。

家长们一边在拼命地让孩子多摄取一点知识，希望他们博学多才。但同时又不自觉地破坏孩子的好奇心和求知欲。这便是许多家庭教育的悲哀。然而，很多父母在不自觉地做过这些蠢事之后，还不断地叹息："我的孩子为什么不爱学习？"

如果孩子们拥有了解世界的强烈愿望，父母既不需要花很多时间也不需要花很多精力，就可以轻而易举地培养出他们对知识的兴趣。那么，父母要怎么做才能让孩子的好奇心茁壮成长呢？

父母可以在适当的时候用正确的方法引导他们的好奇心，回答他们的问题时不能敷衍，不能斥责，应该耐心而及时。虽然这是一种看似简单的做法，但却是非常有必要的。

对于孩子所问的每一个为什么父母都应该重视，尽力满足他们的渴望"吞下去"的"食欲"，让孩子的智慧之树因好奇心被满足而茁壮成长，开出艳丽的花朵，结出丰硕的果实。总而言之，孩子不断成长的过程就是在一次次的追问中完成的。推动孩子不断成长的方式就是启发孩子不断地追问。

专家建议

当孩子对某件事情感到好奇的时候，或是当孩子带着问题去问父母的时候，父母一定不要打击孩子的好奇心，也不要简单地将结论告诉孩子。告诉孩子问题的答案远不如让孩子自己去思考"为什么"来得重要。

好奇心是探索事物真相的第一步，作为家长我们应该保护孩子们那些先天的好奇心，一个保持着童真的好奇心的孩子，会对任何事物充满兴趣，对任何事物充满探索、学习的欲望，这不正是我们大人所期待的，让孩子自主地多学一点东西的动力吗？

15 不许这么做，这太危险了

小亮和爸爸妈妈来到乡下亲戚家度假，第一次到乡村的小亮看见什么都很好奇。

新认识的热情小伙伴领着小亮捉蛐蛐，摸小鱼，一天下来小亮玩得眼睛都亮晶晶的。

手里拿着一天的战利品，小亮和小伙伴打打闹闹地往家走。

路过一个大树下，他们听见“啾啾”的声音，低头一看，原来是一只小鸟从鸟窝里掉了下来。小亮和小伙伴们看着这只小鸟很可怜，于是他们就商议把小鸟送回窝里。

小亮放下手中的战利品，小心翼翼地捧起小鸟，蹭蹭蹭地爬上了树梢，就在这时，爸爸妈妈从邻居家回来，看见小亮爬在两米高的树上，妈妈呵斥道：“小亮，快下来，不许这么做，这太危险了。”

被呵斥的小亮郁闷地从树上下来，走到了父母身边。

我们身边有许多人的财商、智商、情商都不错，可在生活中却没干出几件颇有成就、让人刮目相看的事情。这是为什么呢？其实不是孩子不够勇敢，而是由于家长不自觉做了他的“保护伞”，导致他不敢尝试，不能勇于踏出第一步，因而做什么都无法成功。

在我们现今的世界里，一个人要想生存，首先要具备的就是敢于冒险的精神。对于一个想获得成功、想创业的人来说，这种精神更是一种必不可少的素质。

但是冒险不代表盲目做事，父母要对孩子说明，冒险分为两种：一种是做一些很困难的事情，这事情是通过自身的努力可以达成的；另一种就是盲目地做一些没有经过特殊训练的事情。第一种冒险需要父母、老师的指导。第二种需要特殊训练的事情则必须通过专门的训练才能做到，如果没有经过专业老师严格的、特殊的训练的话，就会有生命的危险。例如，爬雪山，航天，跳伞这都不是一般人能做到的，必须要经过很长时间的特殊训练才能做的事情。所以，父母应该警告孩子这些冒险的事情是不能做的。

并且对于孩子的冒险精神的教育不能仅仅依靠口头的说教，而是需要家长将教育有技巧地穿插在生活中，让孩子在生活的一点一滴中得到考验和锻炼。

父母要注意的是，许多在成年人眼里很正常的事情，在孩子的眼里就是那么的与众不同，让孩子紧张，兴奋。因此，父母应该先了解孩子的思维再设置培养孩子冒险精神的通道。要以孩子的立场给孩子设置一些小小的冒险障碍。比如：在孩子上学后，父母可以装作很为难地告诉孩子，今天很忙没办法送他上学了，然后在孩子独自上学时，父母悄悄跟在孩子的身后，观察一段时间。在孩子稍大一点的时候，父母可以让孩子漂流、攀岩、高台跳水、滑雪、坐过山车、骑自行车、去防空洞里玩游戏等。这样就会让孩子更勇敢、更坚强、更富有探索精神和冒险精神。

随着时代的不断改变，人们更需要以冒险的精神去探索生活，需要人们以积极的心态去驾驭生活。这就对人类自身的素质提出了更高的要求，同时也对每一位现代父母提出了更高的要求。

专家建议

创新即是对未知世界、未知领域的探索。它需要从事创新活动的人们具有第一个吃螃蟹的人的冒险精神。而冒险精神的形成，除了遗传作用外，更多的时候则取决于家长对孩子们有意识的培养。

在冒险中遇到危险、困难、失败，这是很自然的，但这些情形恰恰是父母不愿意看到的东西，如果父母因为孩子的某些冒险做法而训斥、责备孩子，那么孩子很可能逐渐变得胆小、懦弱、没有创新思维。也许孩子的一些行为在父母眼里有些“愚蠢”，这根本就是无关紧要的事情。如果父母经常多鼓励孩子，多赞扬孩子的行为，那么孩子往往就会变得富有冒险精神。因此，父母应该鼓励孩子有克服困难的勇气。

16 别乱动，否则会把警察叔叔招过来

四岁的小洁和妈妈去看花会，花会上各种各样的花朵看得小洁目不暇接。

在走过玫瑰园的时候，小洁看见一朵玫瑰花颜色与其他花朵不一样，很是夺目。

小洁走上前去，打算摘下来，仔细看看。

小洁妈妈看见自己的女儿想要摘花，上前一步拍掉小洁的手吓唬小洁道："别乱动，否则会把警察叔叔招过来，警察叔叔会把你关在小黑屋里。"

小洁吓得四处瞅瞅，悻悻地把手缩了回来。

有些事情不能做，是因为它是不对的。不把幼儿园里的玩具、器具弄坏，是为了更好地爱护幼儿园的东西，不造成浪费，而不是因为害怕有人看见要赔偿。

“别乱动，否则会把警察叔叔招过来!”这句话的另一层意思，岂不是警察叔叔不在的时候就可以随意摘花了？不该做的事情不是因为“怕被人捉住”而是因为事情本身不正确。

作为家长当自己的孩子发生这样的事情时，家长首先应该严肃地告诉孩子，这样的行为是不对的，是不可取的。即便没被他人发现这种不良的行为，但是天长日久，总会露出马脚，最终会害了自己。此外，家长应该以身作则，无论是在公共的场合还是私下交流，都应该符合道德规范，因为家长是孩子的第一任老师。

一个人的道德本质根源是在于他天生的秩序感，但如果成年人把自己的标准认知强压在孩子的身上，孩子的个人意志得不到尊重，秩序感和纪律都是父母、老师、学校强加给他们的，而不是自觉自发建立起来的，纪律就成了在有人管束的情况下才会遵守，而不是发自内心领会和顺从的规则。那样会培养出什么样的孩子呢？他们只有在有权威人士监督管理的情况下才能遵守交通规则、遵守纪律、自觉排队;而没人看见的时候，就争道争先、违法乱纪、乱闯红灯。用正确的途径教导孩子，让孩子知道自己的所做所行需要自己负责，这才有可能使他们成为一个纯粹的人，一个高尚的人，一个有益于社会的人。

专家建议

古人云：“勿以善小而不为，勿以恶小而为之”。要清醒地正视孩子的过失。从小培养孩子，培养他们道德情操和高尚品质是立人之本。小孩就像树苗，小树除了浇水施肥以外，父母更应注意剪枝修叶扶直树干，孩子有了过失父母视而不见仍任其发展，孩子就会像树木长成畸形。

抓住时机，强化教育。对于孩子的过失，父母要给予孩子更多的关爱和关注，善于抓住孩子醒悟和转变的良机，进行耐心细致的工作，促使孩子转化，对他们哪怕是小小的进步也要给予肯定，树立孩子的自信，使孩子进步的愿望和行动不断地强化而巩固下来。

第四章

不骄纵不抱怨，面对困难多给孩子安全感

在对待错误的问题上，父母应该起好的带头作用。父母是孩子的终生之师，只有当家长在孩子面前做出良好的表率时，孩子才能树立一个正确的是非观、人生观，遇到错误或困难时，才能正确地对待和解决它。

01 他打你一拳，你就还他一脚

小易是个沉默的孩子，在学校里面不太喜欢与人交流。不过，他的学习成绩很好，很多女孩都在暗地里把他称为“酷哥小易”，他在女生里面可是绝对有号召力的。

不过，有些调皮捣蛋的男生却看小易不顺眼，说小易故意每天这样装着一副冷冷的样子，让女生为他着迷。拿“捣蛋鬼”阿奇的话来说，“小易就是故意装冷傲的样子，我怎么看，怎么不顺眼！”

这天，班里面进行大扫除，阿奇和几个男生在一边偷懒，被老师抓个正着。老师对几个人批评道：“你们就是这个老样子，劳动的时候从来都是能偷懒就想方设法偷懒。难道你们就不能向小易学习吗？”老师边说边指着正在认真擦窗户的小易说：“别人都在卖力地干活，你们却像‘小少爷’！”听罢老师的训斥，阿奇心中很恼火，凭什么要拿自己和这个讨厌的小易作比较？

放学时，阿奇在路上遇到回家的小易，便故意找茬，和小易争执。阿奇凭借自己的大块头给了小易一拳，小易没有还手，阿奇一溜烟地跑了。

小易回到家，妈妈看到儿子眼角的淤青，焦急地问道：“你的脸怎么啦？和人打架了？”

小易回答：“没事，刚才被阿奇打了一拳。这样的人，我才懒得理呢！”

妈妈却一副不答应的样子，气愤地说：“你怎么这么好欺负啊，他打你一拳，你就要还他一脚！”

如今社会进入了竞争时代，很多父母也“与时俱进”，不再讲究温良恭俭让了。孩子在外面和小朋友打架，回家后不免向父母诉说一番，有的父母就问：“他打你没有？”

“打了。”

“他打了你，你怎么不还手？”

父母把敢不敢与人打架看做孩子有没有竞争意识，而且不断地向孩子灌输这样的观点：“太老实了容易受人欺负，就得以血还血，以牙还牙，反正不能吃亏！”

这种教育方法是很危险的，按照父母的推理，别人打你，你就打别人；有人偷你自行车，你就偷别人自行车；别人偷窃抢劫，你也偷窃抢劫……在这种教育观点下，孩子很容易变成一个“占便宜没够、吃亏难受”的人，这样的人无疑不会被社会所接受。

父母们应该知道，这样的所谓算账和报复，只会使孩子之间的打斗更进一步升级，而且可能使无意的伤害转变为有意的报复。有些孩子还会错误地认为家长总是偏向自己，即使自己不对，先打了人也无所谓，最后就变本加厉、肆无忌惮起来。如果孩子真的挨了打，受了伤，父母最好能保持冷静，倾听孩子的申诉，同时找欺负自己孩子的孩子问清事情真相，教导孩子们应该和睦相处，必要时还可以找对方父母，共同进行教育。

总之，孩子之间发生了冲突，家长不要灌输给孩子以牙还牙，以眼还眼的思想。这种教育会让孩子变得斤斤计较，自私自利。要让孩子知道，除了武力还有别的解决方法，这样他才能得到成长。

专家建议

孩子打架，是青少年成长过程中的正常现象。家长要引导、要教育，让孩子分清勇敢无畏与蛮横粗暴的区别，而不要纵容孩子报复，更不要袒护。要让孩子讲理，父母首先要明理，否则孩子将成为一个不负责任、强辞夺理的人。

当孩子与人打架时，不要责备孩子怎么不还手，或是叫自己的孩子再去找别人“算账”，正确的方法应该是和孩子一起分析产生矛盾的原因，让孩子自己去理解并找到解决问题的方法。父母还应该找到打架双方，尽量劝解两人不要打斗，以免事态扩大，造成不良后果。

02 没关系，没人看见

乐乐和妈妈去逛超市，乐乐看中了一套非常漂亮的玻璃瓶子，并希望能买下来。她征求妈妈的意见：“妈妈，这套瓶子好精致呀，可以买下来吗？”

妈妈说道：“嗯，看起来还不错，不过你要轻拿轻放呀，小心摔碎了！”

乐乐高兴极了，过去就给了妈妈一个“香吻”。可是，在乐乐把玻璃瓶子搁在手推车里的时候，瓶子却意外地磕了一下，一个小裂缝立刻就出现了。乐乐惊呼：“哎呀，瓶子撞坏了，怎么办？”

妈妈四下看了一遍，发现没有人注意到她们，便小声地说道：“快把瓶子放回去，快点！”

乐乐犹豫了，说道：“这样，行吗？”

妈妈回答道：“没关系，没人看见！快点！”

乐乐把瓶子放回了货架上面。就这样，母女俩若无其事地走了。

故事里面的妈妈在现实生活中并不少见，她们认为孩子的一点小毛病没什么大不了，于是会帮孩子加以掩盖，任其发展不加阻止。父母切记，不要对孩子在外边的所作所为闭目塞听，或是听之任之，或是文过饰非。要是真的这样，孩子就会认为自己无论干什么坏事，父母都会竭尽全力为自己掩饰，孩子就会越来越没有是非观念，一旦养成恶习就难以改正了。

现实生活中还有一些家长，明明知道孩子有缺点，但怕丢面子，认为“揭孩子的短就是打自己的脸”，所以对孩子总是抱以纵容的态度。其实，家长们不要把正当的自尊心和保护虚假面子混淆起来。当别人指出孩子的缺点和毛病时，家长应该正视这些缺点，及时地教育孩子。

正视孩子的优缺点是每个父母应有的正确态度。家长要充分认识利用社会力量对孩子进行教育的重要性，不仅要对其抱有信赖和合作的态度，而且要主动征求和真诚欢迎别人对孩子提出批评意见。例如故事里面的妈妈在发现孩子无意打碎瓶子的时候，应该要求孩子主动和超市的管理人员说明情况，然后把瓶子买回去，这样才是正确的做法，千万不要以“别人没有看见”为由，为孩子掩盖。

这样做不仅能让孩子从小培养诚实的好习惯，还可以使孩子懂得对自己所犯的错误要勇敢地去担当，去负起责任来。

专家建议

对于孩子的缺点和所犯的错误，不要无原则地维护孩子，纵容孩子的玩劣，否则孩子将会失去自我定位的能力，让错误扩大。

当孩子做了错事，要求父母帮其掩盖或是隐瞒的时候，父母要及时给予指导和开解，要教育他们正视自己的错误，要为自己犯的错误去尽力补救，不要当逃兵，不要逃避自己的错误。要让孩子知道，既然做错事了，亡羊补牢为时不晚。

03 放学快回家，外面坏人很多

小查和爸爸妈妈在客厅里面看电视，荧屏上正在播放一条新闻，是关于“拐卖妇女”专题的法制报道。妈妈看过这条报道后，再三对小查嘱咐：“现在外面坏人这么多，你一定要小心，千万不要在外面逗留太久，知道吗？放学就立刻回家！”

小查觉得妈妈的话言过其实了，不过，看到妈妈紧张的模样，就随口回了一句：“知道了，你放心。”

过了几天，小查妈妈又和女儿说了一件事情：“今天我在报纸上面，又看到了一条报道，说是现在一些犯罪团伙专门对你这样的女孩下手，你以后出门可得当心，外面真的有很多坏人！你知道妈妈整天有多担心吗？”

小查听了妈妈这番话，开始有点害怕起来了。每次回家的路上，凡是看起来行色可疑的人，小查就担心是拐卖妇女的人贩子。遇到这种情况时，小查会惊恐地一口气跑回家里，生怕后面真的会有犯罪分子在追自己。

就这样，小查每天除了上学放学，几乎足不出门。女孩心想，这样呆在家里，应该就不会有坏人了吧！

故事里面的妈妈出于爱孩子，害怕孩子吃亏，被人欺负，几乎是以吓唬的口吻嘱咐孩子“外面坏人很多”，还列举了很多例子。这种教育的方式是值得商榷的。胆大的孩子也许对此不以为然，可是这类的话语说多了，再胆大的孩子也会害怕的，而那些胆小的孩子也越发地胆小了。

家长们应该清楚地意识到，随着孩子的成长，他与外界的接触会越来越多。孩子是社会中的人，只有在适应社会的过程中，才能获得社会的价值观念、行为规范和知识技能，从而不断成熟。要是像小查那样认为“只要呆在家里就不会遇到坏人”了，整天呆在房间里，又怎么有机会去接触这个社会呢？

父母对孩子的管束是十分必要的，但绝不是越严越好，越苛刻越好。应做到管之有方，管之得法，管之有度。社会太复杂，很多父母担心孩子受到伤害，就把孩子收在自己的“羽翼”下面，时间久了，孩子就会对社会产生惧怕心理，对父母产生强烈的依赖心理，从而无力承受外界的压力。

幼苗需要自由的空气和灿烂的阳光，否则，再好的苗子也无法吐露芬芳。为此，父母应该鼓励孩子走出去，大胆与别人交往，接触社会。在解决遇到问题的过程中，不断总结经验教训来使自己从幼稚走向成熟。

专家建议

不要给孩子灌输一些这样的思想："外面坏人多""外面都是犯罪分子，尽量呆在家里"。孩子的成长就是适应环境的过程，让他们自己去解决问题，不要为了保护孩子不受伤害就阻止他们交朋友、接触社会。每个人都是在失败和挫折中慢慢长大的。其实，让孩子了解一个真实的社会，了解其中的美、丑、善、恶对他们的健康成长是有利而无害的。

此外，在生活中，父母还应该鼓励孩子多交朋友并且接纳他们的朋友。这样才不会让孩子永远封闭在自己的狭小世界里面，要让孩子自己独自去体验社会的冷暖好坏，勇敢地适应这个社会。

父母要常向孩子讲述一些社会上的好人好事，让他们明白世上还是好人多，要让孩子爱自己、爱身边的每一个人。

04 你太没用了，什么事情都做不成

周周班上要进行一次班干部的选拔，不过，这次选拔老师准备采取自我推荐的方式，就是每个学生都有参加选举的权利，所要做的事情就是自己亲自到讲台上发表“竞选演讲”，把自己对班级的管理理念和自己的实施方式告诉大家，然后，让大家投票。同学们都很高兴老师制定这样的选拔班干部的方案，大家都在跃跃欲试，希望自己的“竞选报告”能够获得同学们的认可。班里面还有点美国大选前的气氛呢。

可是，周周却怎么也兴奋不起来，他心里面可不想参加什么班干部的选拔，更是觉得这样的竞选有点幼稚，所以，在正式举行选举时，周周弃权了。

回到家里，周周随口和妈妈说起了这件事，不想妈妈却很生气。质问道：“你怎么不去参选呢？”

周周回答：“对着一堆人演讲，多丢人，多幼稚。”

妈妈轻蔑地说："哼！就人家幼稚？我看你是不敢去吧。你简直太没用了，别给我找借口！"

现实生活中，父母常常会过分地责备孩子的不是。就像故事里面的妈妈，仅仅因为孩子不愿意去竞选班干部，就抱怨孩子没用、窝囊。这些父母都忽略了至关重要的一点，孩子很可能在父母的不断责备下，越来越自卑，越来越没有尊严。

心理学家贝克说过："对子女督促过严的父母，也许可以逼使孩子养成良好的习惯，却也会使子女有不安、依赖、胆怯、敢怒不敢言、不爱做劳心工作，以及不喜欢参加有创造性的活动等缺点。比较起来，这种教养方法是得不偿失的。"在家庭教育的过程中，父母不需要刻意地约束孩子，不要把孩子管得太紧，否则，孩子就会成为一个缺少自信，胆小怕事、庸碌无为的人。

长期遭受父母嘲讽的孩子，长大后会变得胆怯、没有自信；要不就会对父母产生怨恨而耿耿于怀。由于害怕，所以只能将对父母的轻视和愤怒埋藏在心底。等到长大后，他们往往会找机会加以报复。

一个习惯以讽刺态度批评孩子的父母，是不可能博得孩子的真心尊敬的。家长们要激励孩子，请采用称赞、鼓励、循循善诱的教育方法，千万不要挖苦孩子的缺点，数落孩子的不是。每个孩子都有一颗上进的心，都渴望父母的鼓励。

专家建议

缺点和不足任何人都会有，不要因为一点不足就将孩子全部否定。只有鼓励和赞美孩子，才能使孩子获得乐观的情绪和自信的精神。

俗话说：“尺有所长，寸有所短。”人各有各的优势，必须以积极、平等的心态对待孩子的优缺点。这样才能培养孩子乐观向上的情绪，让他们充满自信。

当父母遇到这种情况时，首先应该尊重孩子的人格，然后说出自己对这件事的看法。例如，周周妈妈可以这样说：“竞争结果怎样不重要，重要的是这是一个可以锻炼你口才和胆量的机会，何不给自己一个机会呢？不管怎样，妈妈尊重你做出的任何选择。”周周听了之后，一定会考虑妈妈刚刚所说的话，而且会很感激妈妈这种尊重自己的态度的。

05 别为难，我替你去道歉

小梅和楚楚是一对好朋友，两人从幼儿园起就是同班同学了，然后又是小学的同班同学，现在升上初中了，又分在了一个班。她俩感情好得就像一个人一样，比亲姐妹还要亲呢！

可是牙齿还有咬到舌头的时候。这天这对好友吵架了。原来，楚楚向小梅借了一支钢笔来写字，可是写着写着，却不知怎么坏了。小梅可心疼了，这是爸爸从国外给小梅带回来的，平时都不舍得用。现在借给楚楚用，谁知道她却没有保护好。小梅埋怨道："这支笔我都舍不得用，现在可好，你却把它弄坏了。"

楚楚很抱歉，她小心翼翼地说："对不起，我也不知道怎么就坏了。要不，我给你买一支新的吧？"

在气头上的小梅说道："你上哪里去买呀？这是我爸在国外帮我买的……"

楚楚感到很委屈，她咬着嘴唇说：“是，我买不起，对不起了。”两个好朋友就这样因为这支钢笔吵翻了。

小梅回到家，感到很失落。妈妈看到了，便上前询问：“怎么啦，不是到楚楚家写作业了吗？回来就这个脸色？”

小梅回答道：“我刚才和楚楚吵架了，谁叫她不好好爱护我的钢笔。”

妈妈接过话茬：“钢笔，就是那支你爸帮你买的钢笔吗？”

“嗯。”

“哎哟，那是昨天你表弟弄坏的，我还没来得及和你说呢。”

小梅这下急得都快要哭了：“你怎么不早说，害我错怪楚楚，怎么办？我算是羞死了！”小梅一边跺脚，一边擦着眼泪。

妈妈看到女儿这般难过的情形，不知道如何是好。妈妈安慰着：“别哭了，要不，妈妈帮你去和楚楚说对不起，这总行了吧。宝贝，别哭了。”

很多父母总是喜欢帮孩子承担一切事情和烦恼，还有的父母甚至连子女的错误都要包揽在自己身上，要代替孩子给人道歉，故事里面的妈妈就是这样的人。这些父母不知道，这样的做法对于培养一个有责任感的孩子来说，是百害而无一利的，会让孩子学会事事推卸责任，而不是勇敢地为自己的过失负责。

其实，当孩子在社会上遇到某种挫折时，正是培养孩子责任感的最佳机会。如果父母对孩子说：“我代你去说对不起……”反而会使孩子心中已经萌芽的责任感遭到坍塌，原本可以自己解决的问题反而变得复杂化了。

责任感的培养是少年健全人格不可缺少的部分，是能力发展的催化剂。对于子女的教育绝不能忽视这一点，否则会铸成孩子强词夺理、粗暴、自私、事事依赖、缺乏主见的不良品格。在当今竞争与合作并存、机遇与挫折交错的社会就会被淘汰。

父母要让孩子明白：自己的言行会对别人产生什么样的影响，进而明白责任的完成与否对自己将来有什么作用。父母应该让孩子学会承担责任，当你的孩子说："现在的事情都是我自己选择的结果。""这件事情我做得很糟，是我没计划好，不过我会尽力弥补的。"那就表明孩子真正懂得了什么是责任。

专家建议

责任心的培养就是要从家庭到学校，从小事到大事，从具体到抽象。那么，父母如何对孩子进行责任感的教育呢?

从小处着眼，让孩子在家庭的岗位上感受到责任的分量。例如让孩子干家务便能培养孩子的责任感。

要让孩子对自己的行为负责。当孩子做出某项决定或承诺的时候，告诉他要对此决定的后果负责。不管结果怎样，都不可以推诿和埋怨，要让孩子自己承担责任，而不要帮其代劳。人际关系的圆满在于坦荡的心志，主动交流，不怕被拒绝。孩子人际关系网的形成，要靠他自己去建立。

06 别坚持了，等以后再说吧

小桃很喜欢航模，爸爸很支持她的这项爱好，爸爸认为制作航模可以锻炼孩子的动手动脑能力。最近小桃看中了一套航模装备，要求爸爸给她买下来。航模的价格很贵，不过，爸爸还是爽快地买给了小桃。

最初几天，小桃可迷这套航模了，每天放学回家就忙着组装这些装备。可是，没过几天，小桃变得有点不耐烦了。因为，在组装的过程中遇到了困难，有一个部分怎么也弄不好，小桃开始打退堂鼓了。

这天深夜，爸爸看到小桃房间的灯还亮着，便推门而入，看见女儿还蹲在地上忙活着组装航模，爸爸问道："怎么？那部分还是不能装好吗？"

小桃无奈地点点头："对呀，怎么都弄不好，怎么办呀？"

爸爸看到女儿焦急的模样，便心疼地说道："要是实在不行，那等以后再说吧。"

小桃听到爸爸的这句话如释重负，松了一口气说道："那太棒了，这个航模真的好麻烦，终于不用组装它们了。"

就这样，这堆航模配件到现在还散落在小桃的房间，小桃再也没有把它们组装起来的意思了。

故事里面的小桃对待事情虎头蛇尾，刚开始很热衷，可是遇到一点困难，便不想再坚持下去。她的父亲倒也"体谅"女儿，批准了小桃"不要坚持下去"。这样，孩子以后遇到什么事情，可能也会只有三分钟热情，半途而废的。

狄更斯曾经说过："顽强的毅力可以征服世界上任何一座高峰。"依靠自己的毅力，可以攀上高耸的山峰，克服无穷的困难，而不断地攀登，反过来又使自己的毅力增强。孩子在学习生活中，总会遇到来自自身和外部的重重困难或障碍，每当这时，我们就要鼓励孩子不放松，不泄气，坚持到底，执著追求。

故事里面的父亲不妨这样对女儿说："这里遇到一点儿困难，你也应该坚持下去。这样当整个航模组装完毕的时候，那会更有成就感的。"相信孩子听到这番话后，一定会坚持下去的。

孩子早晚要长大，总要去面对他自己的人生，总有很多事情要有第一次。家长要鼓励孩子多尝试，勇于面对困难，认准目标，永不言弃，并且站在孩子身后不断地支持。这样，孩子才能逐渐地学会应对各种困境，积累人生成功的经验，逐渐地建立他们的自信。千万不可姑息孩子遇到困难就打退堂鼓的毛病，这样对他们的成长极为不利。

专家建议

采用精神激将法。孩子会有逆反心理，那么就可以利用他的这种特点。当孩子不愿意坚持做某事的时候，你就可以用激将法，故意说他一定是担心做得不好才不去完成的。“你说我不行，我偏行”，孩子就会鼓足勇气继续下去。

利用孩子争强好胜的心理，可以给他提供他的同伴中具有持之以恒信念的榜样，以此激发他的动力和恒心。

习惯成自然。家长们不妨从平时的小事入手，要求他们洗衣服，千万不能由于孩子借口累或者手疼，而让他半途而废；不要因为孩子闹着说太难，就心疼起他，让他放弃，自己帮忙完成。孩子自己完成了事情，会有一种成就感，若是做得好，自己克服了困难，父母再及时给予表扬，来巩固这种行为。这样长此以往，习惯成自然，最终会成为内化的品格。

提供适当的挫折情景，磨炼孩子的意志力和忍耐力。现在的孩子往往心理承受能力很弱，做事情也是浅尝辄止，三天打鱼，两天晒网。这是由于父母的过分保护，所以父母应大胆放手，让孩子在挫折中前行。当他克服了这些困难的时候，就会获得成功的喜悦，学会自我承受。

许多孩子没有耐心，很大的原因在于父母没有给孩子做出好的榜样。因此，在日常生活中，父母首先要对自己的行为加以重视，做事不要半途而废。

07 有吃有穿，身在福中不知福

在其他同学眼里，毛毛是个令人羡慕的孩子。因为，毛毛家里很有钱，他身上的穿戴都是一水儿的名牌，而且，想要什么东西，只要开口向父母要求，多半都能买到。此外，毛毛口袋里面总是有花不完的零花钱。可是，毛毛心里面并不认为这样有什么值得让人羡慕的。为什么呢？

原来，毛毛的父母都是外企的高级职员，平时的工作非常忙碌。有时候，毛毛睡下了，爸爸妈妈才回来，而当毛毛早上起床的时候，父母早已出门了。毛毛见保姆的次数比见父母的还多，所以，尽管毛毛的成绩一塌糊涂，可是爸爸妈妈竟一无所知，因为他们从来没有时间过问孩子的学习。

这天，大忙人的父母终于被老师叫到了学校。原来毛毛已经旷课三天了，爸爸妈妈这才知道孩子的所有情况。他们回到家里，斥责孩子道：“你怎么能这样？你居然敢旷课，学习成绩居然这么差！”

妈妈指着毛毛的脑门说：“你现在有吃有穿的，想要什么就给你买什么，还有什么不满足的？简直是身在福中不知福！”

毛毛冷冷地回答：“是呀，你们就觉得给我吃、给我穿，就够了，对吗？”孩子摔门而去。

现实生活中，很多父母经常这样对孩子说：“给你吃好的，穿好的，不就是图你学习上有长进吗？”家长们总是抱着“一切为了孩子”的借口，让孩子衣食无忧，并以此为“资本”，强迫孩子做这做那，孩子根本没有与家长交流的机会。

可是，父母可曾知道，孩子不是一部机器，更不是一部学习机器。除了学习，他们还有很多心事，需要得到父母的了解和关心。

作为父母，应该讲究说话的艺术，讲究和孩子之间的相处之道。并不是说有了吃穿一切就万事大吉了。孩子不是机器，机器出了问题修修就好，可孩子出了问题，若是不管不问，或是不停责骂，总有一天孩子会崩溃的。

父母总是认为自己赚钱养家是最重要的，孩子的事情没有什么大不了的。孩子喜欢看什么书，不知道；孩子遇到挫折时，父母也会随口地说一句：“怎么样了，还好吧？”就置之不理了。很明显，这样的父母怎样关注孩子的内心呢？父母应该做的是，多和孩子进行近距离的沟通，那才是送给孩子最好的礼物。

父母要知道，物质条件的满足对孩子来说并不是最重要的事情。最重要的是：了解孩子的喜怒哀乐，感受孩子的内心世界，以真诚、平等、尊重的态度面对孩子。

专家建议

沟通是每位父母都应学会的一门艺术。父母在与孩子沟通的过程中，要把孩子当作自己的朋友，与他们做平等的交流。父母与子女之间的关系如果比作朋友的话，就应该成为能相互理解、相互信任、相互帮助的知心朋友。只有平等地相处，子女才有可能向父母袒露心声，父母也才能对孩子进行适当的指导。

要了解他们心中的所思所想，要明白他们的爱好，不要认为只要满足孩子的一切物质要求就是一个好家长了。能够走进孩子的心灵世界，才是一个合格的家长。

08 就考这么点分，不丢人吗

小雨今天离家出走了，在她留给家长的信中不难发现她出走的原因：

“昨天，我考试的分数出来了，数学80，语文84，英语79。这分数，把一向爱面子的妈妈气得半死，一味地批评我。妈妈还说：‘你怎么才考这么点分，你还有脸拿着成绩单回来？’我心里也很不好受。我们班平均分80分，而我只比别人少3分，这样的成绩一定关系到我的未来吗？……

“我真的不甘心，在班里我是同学们公认的好班长、老师的得力助手；在家里我是妈妈的好宝贝；在音乐教室里我是音乐老师的爱徒。这样的分数使我一落千丈，为什么？我考试的运气总比别人差吗？我真不知道怎么办。我对不起器重我的老师，对不起对我充满信心的妈妈，这样的分数改变了我在他们心中的地位，我好比从美丽的天使变成了丑陋的魔鬼，从美丽的白天鹅变成了丑小鸭。我这才发现只要出错那么一丁点就会吹灭你的希望。我已经无心念书了……”

小雨妈妈捧着女儿的信哭了起来，可是，她不知道，就是因为她的那句“就考这么点分，不丢人吗?”让孩子失望地离开了家。

生活中，很多父母都像故事里面的小雨妈妈一样，把孩子的考试分数看成是衡量一切的标准。很多孩子都这样说：“分，分，学生的命根。”如何对待孩子的考试成绩是家庭教育的一门重要学问，父母必须认真科学地对待孩子的考试成绩。当孩子的考试成绩不理想时，大多数家长不能正确对待，往往表现出愤怒和优伤，对孩子作出强烈的反应。

在面对孩子的成绩时，很多家长抱持以下四种观点：

（1）求全：总想孩子各门功课都考100分，否则就责问，使孩子的“成就心理”得不到满足，丧失学习兴趣，并使孩子长期处于压抑状态，产生焦虑、负罪感等心理障碍。

（2）粗暴：有些父母“望子成龙”心理过于迫切，一旦孩子达不到目标，父母就恨铁不成钢，对孩子横加指责，严厉处罚，肆意打骂，严重阻碍了孩子的身心健康。

（3）冷淡：有些父母不管孩子的学习，从不过问孩子的考试情况。这样使孩子不努力学习，考试成绩下降。

（4）挖苦、讽刺：有些父母常常无意识地对孩子进行讽刺、挖苦，严重伤害了孩子的自尊心，使孩子失去了自信心和自觉性，产生自卑感等等。

父母这些不正确的处理方式是一种非常严重的错误，不仅对孩子日后的改进毫无帮助，甚至可能产生相反的作用。利用惩罚的手段，期望孩子获得改进，是事与愿违的。

专家建议

择善赞赏。如果孩子有几门功课不及格，请不要发怒，也不要忧虑，应平心静气，在孩子的成绩单内“发掘”一些可以称赞的“成就”，及时给予赞赏和鼓励。同时指出不足，不使孩子丧失信心，以激发孩子努力学习的热情。

探查原因。父母应与孩子一起探查某些科目成绩欠佳的原因，在追查原因的过程中，父母要态度和蔼，使孩子敢说真话，不作搪塞性回答。

合理解释。父母在查问原因的过程中，不要接受孩子的“我不知道”这种回答，要让孩子作出“合理”的解释。所谓合理的解释，就是指孩子说出了导致成绩低下的真正原因。当然，在这些原因中，包括了正面的和反面的。当孩子作出了合理的解释之后，父母一方面要求孩子提出改进的方法和今后应该采取的行动；另一方面，要让孩子提出有何需要协助的要求，父母应该想方设法切实地给予满足。

09 别争了，等你长大就明白了

小戴马上就要升高中二年级了，即将面临的是文理分科的选择，小戴在文科方面比较出色，在理科方面却显得平平。此外，小戴很喜欢英语这门科目，自己最大的理想就是能考上外语学院，以后当外交官。

可是，小戴的爸爸却觉得他在理科方面有潜力可挖，希望他能考上建筑学院，当个出色的建筑师。这天，父子俩人就为选择文科班还是理科班的问题出现了前所未有的争论。

小戴对爸爸说："我希望学文科，然后专攻英语这门科目，为考上外语学院做好准备。"

爸爸却发表了不同的看法："我觉得你在理科方面有潜力，再说，以后找工作，还是理科比较好一些。现在学外语的人一大堆，你最好按照我的话来做。"

小戴反驳道："我最清楚自己的情况了，学习文科我会更加有信心，学习理科我有时还是有点吃力的。你要尊重我的选择！”

爸爸觉得和儿子说不通，开始有点火了：“你小孩子懂什么？我吃过的盐比你吃过的米还多！不要和我在这里争辩，知道吗？等你长大就明白了！”

小戴看着父亲一副强硬的样子，生气地走开了，谈话也就不欢而散了。

现实生活中，像小戴爸爸这样的家长并不少见。这些家长常常持有这样的态度：你是个孩子，让我来教你，要按照我说的去做，我都是为了你好。家长们常常低估孩子自我观察与学习的能力，以为自己总比他们高出一筹。

有的孩子思路开阔，常常对事物有惊人的理解和洞察力，有时会说出比成人高明很多的见解。只可惜我们的家长总是认为孩子什么都不懂。并无心去思考孩子的意见，不接纳孩子的认识有比自己高超之处的事实，在迫使孩子接受自己的观点的同时，大大打击了他们主动探索世界奥秘的积极性和自信心。

有些父母在教育孩子时，一味地要求孩子听自己的话。如果孩子反驳自己，就会认为孩子只是孩子，怎么有资格教育家长呢？这是明显的双重标准，尤其是自己做错的时候就摆出父母的架子，这样的态度又如何给孩子做出榜样呢？父母们要知道，未来世界是属于孩子的，现在教育孩子的最终目标是让他们养成独立自主的个性，将来成为优秀的人。既然孩子最终会离开父母，去闯出自己的新天地，那么，就让他们自己自由地表达意见、自由地决定事情吧。

专家建议

家长要把孩子当成成人来对待：当他们跌倒的时候，让他们自己爬起来；当他们选择爱好时，让他们自己决定；当他们选择朋友时，也要给他们自己判断的权利。除非有危险性，否则永远不要替孩子做他们自己能做好的事情，也不要干涉孩子正在做的事情。“儿孙自有儿孙福。”既然谁也无法预知未来，就让孩子自己去适应吧！这样一来，他们很快就会建立起独立的性格，并能将潜能慢慢发挥出来。

当父母给孩子自主选择的权利时，也应注意对他们提出一些有建设性的意见。毕竟孩子的人生观、世界观还没有完全形成，考虑问题有时也不尽周全。因此，父母把自己对事、对人的看法提出来供孩子参考，但不管你认为自己意见是多么好，最后选择的权利应赋予孩子，因为只有自己驾御自己，才能成为一个优秀的人。

10 别动，让妈妈来做

小丫简直就是过着公主般的生活，衣来伸手，饭来张口。小丫今年已经是初中二年级的学生了，这般大的孩子却是什么家务都不会做，甚至自己的衣服都没有亲手洗过一次。虽说听起来有点不可思议，但这是事实。

小丫的爸爸是家公司的老板，妈妈是标准的家庭主妇，家里还雇佣了一个小保姆。所以，小丫的小手从来不会有蘸水的可能性。妈妈常常对小丫说："这些家务活，你都不用干的。你的任务就是好好学习，其他的别管，都由妈妈帮你干。知道吗？"

小丫就是这样娇生惯养长大的。老师了解到小丫的情况，对小丫进行了家访，并真诚地建议妈妈："现在必须要让孩子学会干一些力所能及的家务活了，以后，她要是上了大学，你难道还跟着她上大学不成？或是帮她找个保姆跟着，帮她干活？"

妈妈听了老师的话，也有自己的想法："孩子要是光想着干活，哪还有时间学习。作家长的不是让孩子好好安心学习就可以了吗？"

"别动，让妈妈来做。"为了保护孩子的安全或者给他们创造一个良好的学习氛围，许多父母经常说这样的话。其实，动手做远比开口说要有效果，只有自己亲自去尝，去探索，才能得到切身的体会，父母给孩子创造实践的机会，比给他讲很多遍道理有用得多。

此外，孩子的确应该好好学习，但现在的社会不再是一张文凭走遍天下的时代了，未来的路并不是一个考试成绩就能决定的，孩子必须有独立自主的能力、与人交往的能力等等。倘若把孩子培养成为一个除了学习什么都不会的人，成为一个精神残废的人，那么孩子将如何适应当今的社会？如何面对自己的人生？

但很多父母却坚持认为"万般皆下品，唯有读书高"，或者"悠悠万事，唯此为大"，只有好好学习才能有出息，才能成为人上人。这种偏颇的认识，使得孩子们的书包越来越大，越来越沉，许多孩子被家长为他们报的名目繁多的兴趣班压得喘不过气来，享受不到童年灿烂的阳光、翠绿的草地。以后当孩子们长大成人，发现对童年的回忆竟然只是书本、教室，这无疑是人生最大的缺憾，而造成这一缺憾的正是可尊可敬的父母。

这种对孩子的教育，表面上看是对孩子的爱，实际上这是对孩子的不负责任，是教育的残缺。

专家建议

家长们应该注重孩子的全面发展，培养孩子各方面的能力，而不是只求孩子学习好就心满意足了。只有让孩子成为一个心理健全、身体健康的人，才会让他真正快乐。

父母们首先要相信自己的孩子是能够独立的，同时又要在生活中创造各种条件让孩子们去发现自己的能力。例如，让孩子参加家务劳动，体验劳动的乐趣和成果，不要一味地强调“只要好好学习，什么不会都可以”，这是一种极不正确的教育方式，将会让孩子成为名副其实的书呆子。

11 如果有下次，我就惩罚你

这一个学期以来，小熊的学习成绩一落千丈。本来还是全班前5名，现在变成了全班后5名。这到底是怎么回事呢？

原来，问题就出在小熊疯狂地迷上了电脑游戏。现在，放学也不做作业了，直奔网吧“做游戏作业”，加上小熊的父母对他的管教不是很严。就这样，小熊的成绩就像坐着升降梯一样直线降落。

这天，爸爸参加完小熊的家长会后，看到孩子的成绩单这才傻了眼。原先在学习上面绝不让大人操心的小熊，居然排名倒数，这可急坏了父亲。他看看手表，都已经晚上9点了，还不见孩子回家，就出去找小熊。最后，爸爸在附近的一个网吧发现了正在如痴如醉地玩着电脑游戏的小熊。爸爸生气地责骂道：“你现在还不快点回去学习，看看你的成绩单吧！还敢在这里玩游戏？下不为例啊，还有下次的话，看我怎么罚你！”

小熊吐吐舌头，一溜烟地跑回了家。

没老实几天，小熊又溜到了网吧。父亲再次找到了正在玩游戏的孩子，痛心疾首地说："你不要再玩游戏了，听到了吗？再玩的话，我就惩罚你！"

小熊向爸爸郑重保证没有下次了。可是过不了几天，他又一次出现在了网吧里……

小熊的爸爸总是对小熊说"下不为例"，还强调"如果要是再有下次……"可是，孩子却不会这么想，他只会觉得爸爸这次向他妥协了，那下一次他还可以这么干，还会等到爸爸的再次妥协。因为，他已经"胜利"过很多次了。

如果家长轻易地原谅了孩子的过错，那么孩子下次还会使用同样的伎俩，或是保证，或是哭着求饶。所以，在这种时候，家长必须立场明确、坚定。

不要轻易地对孩子说"下不为例"。这是一句妥协的话语，孩子听到这样的话，不但不会改正自己的错误，反而会变本加厉，无休止地犯错。

孩子喜欢去玩电脑游戏，而荒废了学业，这是现代家长头痛的问题。其实，这个问题的症结在于：孩子缺乏自制能力。父母应积极与孩子进行平等的交流沟通，加强对孩子的精神关怀，并以此了解他们的内心世界，了解孩子所需所想，然后对症下药。家长可经常与孩子聊他们感兴趣的事情，共同参与孩子感兴趣的有意义的活动，尊重孩子的认知，满足孩子对精神之爱的需求，就可以减少孩子上网的欲望。这些做法比起一句毫无威信的"下不为例"要有效得多。

专家建议

如果孩子因为迷恋网络游戏等而荒废了学习，家长应积极采取措施转移孩子的注意力，将孩子的求知欲引向正确的轨道。家长从孩子积极向上的心理特性出发，帮助其树立起远大的目标，培养其高尚的情操，加强其自制能力。例如，可以有目的地培养孩子对集邮、下棋、体育活动等方面的兴趣，分散孩子对游戏的注意力。

家长应加强孩子的心理品质与控制力的教育。帮助孩子树立一个坚定正确的奋斗目标，以此为动力培养他们的控制力与忍耐力。教会孩子处理好学与玩的关系，让他们懂得自己作为一个学生的职责，网络游戏对于孩子来说，只能是努力学习基础之上的一份奖励。

面对久教不改的孩子，家长的态度一定要坚定明确。要让孩子了解电子游戏的危害性，举例说明孩子沉迷于电子游戏的下场，让他们自己去体会问题的严重性。

12 同一道题，你怎么又做错了

郑绍禹上小学四年级了，平时学习还不错，可一到考试就不行了，有时还考不及格。

这天，期中考试成绩下来了，小绍禹拿着不及格的数学卷战战兢兢地走回了家。还没等绍禹把成绩告诉妈妈，妈妈便着急地问："考试成绩下来了吧？这次应该考得不错吧？"听到妈妈这样问，绍禹更不知如何向妈妈说了。他知道早晚是要说的，便从书包里小心翼翼地掏出了试卷，轻声地对妈妈说："成绩下来了，在这里，只是考得不太好。"

妈妈一听脸顿时沉了下来："拿来我看！"接过试卷，看到的是满卷的错误。当看到最后一道应用题时，妈妈没好气地质问道："这道题你不是做过好几次了吗？怎么又错了？连做过多少次都要出错，你想你能及格吗？"

本来已经很懊悔的小绍禹听了妈妈的话后更加伤心了，难道自己真的就这么笨吗?

很多家长只看重孩子的学习成绩，并且只对可测量的、能够标识孩子成绩的方面进行要求。

当发现孩子做错的时候，只会一味地说：“你看，你又做错了……”之类的话，而不是心平气和地询问为什么会再而三的出错，和孩子一起寻找原因所在。

很多父母不知道，“又”字在孩子心里的份量有多重。家长无意的一句埋怨，会使孩子觉得自己什么事都做不好，从而打击了孩子学习的意志和勇气。

如果孩子总是把一些简单的题目做错，家长千万不要用“同一道题，你怎么又算错了，你还能做什么”之类的话语来批评孩子，这样只能伤害孩子脆弱的感情，让他对自己失去信心，从而放弃努力，这样的刺激并不会产生家长期待的效果。

专家建议

当孩子在做作业或考试发生了错误时，不要立刻指出“你这里错了”，而是应该委婉地告诉他：“你再检查一下，是不是做错了？”“老师课上讲的方法是这样的吗？”等等。

如果孩子反复改正还是做错时，也不要太过着急，或是以埋怨的口吻责骂他们。可以和他们一起讨论这些问题出错的根源到底在哪里。适当地安慰孩子：“成绩是次要的，找出问题出现的原因才是最主要的，不要着急，静下心来自己好好思考一下！”

13 没事，就当不知道

楠楠是一个粗心的孩子，经常丢三落四，一天晚上妈妈在辅导楠楠写作业的时候。突然发现楠楠的书包多出来一块橡皮，妈妈拿着橡皮问楠楠："这是你新买的橡皮吗？"

楠楠仔细一看："这不是我同桌甜甜的吗？妈妈你在哪里找到的？"

妈妈指了指书包。楠楠愁眉苦脸地说："这可惨了，甜甜已经找这个橡皮找了好几天了，就说有人把她的橡皮偷走了，我这怎么还给她啊，丢死人了。"

妈妈看见楠楠这么着急，拍拍楠楠的肩膀道："没事，就当不知道。他们也不知道橡皮在你这。"

楠楠听了妈妈的话，低下头若有所思。

现如今经济条件好多了，孩子也不愁吃穿。应该说，孩子偷东西的事是不会发生的。可我们却发现，有很多家庭条件很好的孩子，有出现偷拿别人东西的情况。

作为孩子的家长，当你发现孩子拿别人的东西时，一定要查明原因后再下结论。有时有的孩子会把误认为是自己的东西拿回家，比如相同的玩具、书、文具等。这种情况下，父母应该把自己的东西拿出来让他看，让孩子知道这是别人的而不是他的，让他分清这种区别，然后给自己的东西做上记号，以防下次拿错，然后把属于别人的东西送回去，并向对方道歉。

一是孩子有一种强烈的寻求刺激、冒险的心理，他们认为，我拿了别人的东西，只有自己知道，别人却不知道，这是多神秘和刺激呀。另一种是孩子独特的占有欲望，他对自己从没见过的东西有着强烈的好奇心，他们不会掩饰这种独占欲望，于是在私欲的引领下，他便悄悄将别人的东西据为己有。偷东西的行为大多发生在孩子幼年时，大多数孩子没有产生道德观意识不到偷盗这种行为的卑劣之处。因此，我们的家长要注意在这个方面进行正确的引导和教育。

但是当父母发现孩子已经有偷拿别人东西的习惯怎么办？对于孩子这样的恶习，父母一定要帮助孩子改正。其实很多人都有过年少时偷拿别人东西的经历，只要愿意改正，就不是什么大问题。先让孩子认识到拿别人东西是可耻的事情。跟孩子说清楚偷拿别人的东西是极为可耻的行为，它会使一个人身败名裂的。一定要克服这个坏毛病。包括家里的钱，家里的东西，也是不可以随便拿的。

如果孩子再犯同样的错误，一定要让他亲自把东西还给人家，并当面对人家道歉，培养他的羞耻心，强化他的自制意识。

专家建议

如果孩子已经偷拿了别人的物品，父母一定要沉着冷静地分析原因，不要指责孩子是“小偷”，更不要骂其“不要脸，屡教不改”。孩子平时犯的错误与这些话语的性质是不能等同的，长期听惯了这些消极的词语的孩子，会感到自卑或变得无动于衷，长期下去会把孩子推向反面。

对于已经养成偷拿别人东西习惯的孩子，要规定他花钱要记账，不论买什么东西都要征得家长同意。并且父母要时不时地过问，发现他有来路不明的钱要提高警惕，如果发现孩子依然偷拿别人东西，就告诉老师。严重时，甚至可以送派出所，请警察帮助管教。这样警告他，可以给他抛下一个心锚，让他不敢轻举妄动。

14 做不好就别做了，反正还有爸爸妈妈呢

小峰买了一套需要组装的房子模型想要组装完成后送给爷爷当生日礼物，房子模型很大，各种各样的零件很多。

小峰收到模型零件后就待在屋子里琢磨该怎么组装，中午饭和晚饭都没吃几口，就匆匆跑去看图纸了。奶奶追在小峰身后，看着孙子为个模型都不好好吃饭了很是生气。

一连几天小峰一做完作业就跑去琢磨图纸，可是房子的模型却还是没有头绪。

妈妈看见小峰和奶奶都着急上火，就推开小峰的房间门对小峰说："做不好就别做了，反正还有爸爸妈妈呢，爸爸妈妈帮你弄。"

新生儿看上去很娇嫩，很多刚做家长的人总是担心会伤到宝宝。其实孩子完全没有大人们想象的那么娇气，他们在四公斤体重的时候就可以开始自行调节体温，甚至对大部分病菌也有了良好的抵抗力并且他

们每时每日都还在成长。就算是刚出生的婴儿也是一个独立的个体，他已经拥有未来独立成长的能力了。因此不用担心孩子擦破一点皮肤就会感染，也不必为孩子那未闭合的囟门而担惊受怕，因为它已经结实得足以保护孩子了。

在自然界中成年的动物会被驱赶出父母的领地，让孩子独自去生存，这样的行为看似残忍其实却最有利于孩子的成长。但是作为自称食物链顶层的人类，又有多少人能够狠下心，让孩子独立成长呢？对孩子的百般呵护到底是爱孩子还是害孩子？

国外的父母让孩子从小时候就认识劳动的价值，孩子们自己动手修理家具、装配摩托车，在花园锄草，修剪树枝。即使是富家子弟，也要自谋生路。更不要说那些农民家庭的孩子，分担粉刷房屋、家里的割草、简单木工修理等活计就是日常劳作。那些孩子不需要大人的陪同，他们可以独立做裁判，独立开车，独立做一些事情赚钱，这些都是父母从小培养独立性的好处。由此可见，培养孩子的独立性不可忽视。

独立对孩子的成长很重要，如果父母不注重培养孩子的独立性，孩子的自信也会随之削减。

专家建议

在日常生活中父母要细心观察孩子，当孩子提出要独自做某事时，要信任孩子，放手让孩子做自己想做又能做的事，并对孩子经过努力做成的事给予适当鼓励；从一点一滴的小事开始逐渐给予孩子成长的空间，保护孩子的独立倾向，让孩子能够顺利成长。

独立性不仅与孩子的个性成长相关，还与孩子的情感发展、自我意识、智慧增长等等密切相关。独立性是关乎孩子日后人生道路是否平坦的一个重要心理品质。一刻不离父母的孩子，会对父母形成过度的依恋。这种不正常的情绪反应，对孩子独立性的发展是十分不利的。

15 等我表扬你吗

小雨的爸爸妈妈很看重小雨在学校的成绩，这次期中考完试，学校开家长会。

老师在班级上着重表扬了小雨，说小雨的数学成绩是全班唯一的满分。

可是妈妈看着小雨的成绩单却很不满意，原来小雨的数学虽然很好，可是英语却偏低，因为一分之差让小雨没考在全班前五。

小雨和同学站在教室外等着和家长回家。

家长会结束了，小雨和好朋友正在说悄悄话。妈妈叫小雨的名字叫了好几声，小雨都没有听见。小雨的好朋友推推小雨示意她。

小雨才看见妈妈已经出来了，可是妈妈心情很差，小雨一时踌躇，没敢上前。妈妈不耐烦地对小雨吼道："你在等什么？等我表扬你吗？还不快回家。"

小雨本以为自己这次考试，数学进步很多，妈妈会夸奖她。

听完妈妈的话，默默地跟上妈妈回家了。

对于孩子的进步，父母应该时时关注并及时地给予赞扬，尤其对于年纪较小的孩子来说。家长往往会犯一个错误，那就是用成年人的目光去看待孩子的行为，认为孩子没有值得表扬的地方。其实对孩子来说，能够获得一点进步已经很不容易了。因为，很多令人羡慕的成绩和良好的习惯就是从这一点一滴积累起来的。因此只要有助于培养孩子良好的习惯，能增强孩子的自信心，父母就要慷慨地给予表扬。

父母的夸赞会让孩子觉得自己是天才。如果一个孩子认为自己是一个天才，那他最终就会成为一个天才。反之，一个觉得自己很笨的孩子，他也就会真的越来越笨。其实这是心理暗示在起作用，遇到难题就胆怯不自信，越害怕越紧张，就越容易容易错，错了就觉得自己更笨，进而形成恶性循环。

在生活中，有许多孩子不能正确评价自己，无法正常发挥自己的天赋，在缺乏自信的状态下整天死记硬背地读死书，浪费自己的天赋。他们本可以用更简洁的方式取得更好的学习效果，却从小被挫折感折断了飞翔的翅膀，这实在是非常可惜的。孩子的天赋就像一颗没有打磨的钻石，非常需要父母的赏识。

发现孩子好的行为习惯，父母就要及时表扬，如果父母没有做到及时表扬，过后的表扬也不会起什么好的效果了。因为好的行为习惯没有及时在孩子身上进行强化，事情的因果关系没有紧密联系在一起。

每个孩子都是与众不同的，作为家长要细心观察自己孩子的特点，看哪种赞扬的方式适合你的孩子。希望所有的孩子都能够在父母适当的赞扬声中取得自信、学会自我激励。

专家建议

有些孩子性格内向、能力较差、个性懦弱，作为家长就要多多肯定他们的成绩，让他们更加自信。而对于那些态度傲慢，过于自信的孩子就要有节制地表扬，以免影响他们的进步，助长他们的不良性格。

对不同年龄的孩子要采用不同的表扬方式，年龄小的孩子，父母的亲吻、搂抱、抚慰等动作，做游戏、讲故事等简单的活动，漂亮玩具、好吃东西等物质奖励会收到好的效果。对年龄大的孩子用这一套会显得比较幼稚，这时就需要父母转变方式拍拍孩子的肩膀、竖大拇指、微笑等动作，再辅以恰当的语言往往会收到意想不到的效果。

16 你怎么不长记性

贝贝做完作业后，拿着练习题册的错题去问妈妈。

妈妈看着全篇的红叉，眉头高高地皱起，深吸一口气开始一道道讲给贝贝听。

每讲完一道题，妈妈都会让贝贝重复一遍，以便让贝贝记牢。

当讲到一半的时候，妈妈看到一道题，这道题贝贝曾经错了很多次，妈妈停顿了一下，但还是继续给贝贝讲了下去。

第二天贝贝又拿着错题本来找妈妈，妈妈大体一瞧，看见曾经讲过很多次的类型题贝贝今天又做错了。妈妈指着这道题对贝贝训道："同一道题，你怎么不长记性又做错了？我讲了多少次了！"贝贝看着生气的妈妈，羞愧地低下了头。

挫折会让人产生自卑感，当孩子遭遇挫折时，父母插手解决，往往起不到帮助的效果，反而会摧毁孩子的自尊心。父母只要给孩子一些建议和鼓励，让孩子放手去尝试，那么就会增长孩子的自信心，让孩子知道自己的潜力。以后遇到挫折就不会困惑、迷茫。

孩子任何的小小努力都值得父母的赞赏、夸奖，即使结果是失败了，没做好。不要只在孩子取得你想要的成绩时笑逐颜开，“好孩子、乖孩子”这样叫着，而在他不合你意的时候，瞬间变脸，让孩子感觉你爱的不是他，而是他的成绩。

父母要让孩子感受到他的生活是在父母全心全意的爱之中，要让孩子感到自己是值得被爱的，他是有价值的，那样有助于培养孩子的自尊心，使孩子充满了自信。

很多父母认为孩子还小，就忽视孩子的自尊心，随意地大声呵斥孩子。孩子只要有一点点不和自己意愿的事情，就会被父母挂在嘴边唠叨不止。甚至有一些父母不论在什么场合，不论有什么人在场，一言不合就指责孩子的不是，向外人诉说自己的“苦衷”，全然不理会孩子是否承受得了，更不懂得这样做的后果对孩子造成的伤害。

成年人有自尊心，孩子同样也有。孩子也需要别人的尊重，尤其是来自父母的尊重。

一个教育调查问卷显示90%的孩子，最不能接受的是父母在众人面前说他的成绩不好，他们认为这种做法会让他们没有面子。

作为父母，我们要学会倾听孩子的要求和意见，取其合理的部分，不把自己的思想强压给孩子。批评孩子时要注意方式、场合、分寸，因为这些都是维护孩子的自尊心所必需的。父母在维护孩子自尊的前提下，要仔细观察、正面引导。同时父母对自身的个性修养也要加强，改掉曾经伤害孩子自尊心的一些错误做法。要以情感和耐心打动孩子，尽量做到以情感人、以理服人。父母要给孩子一个和谐宽松的学习及生活环境，这样才能真正使孩子得到健康成长。

专家建议

作为父母要善于抓住生活中的点点滴滴，向孩子讲明道理的同时，注重孩子养成推己及人，换位思考的习惯，跳出“以自我为中心”的圈子，让孩子意识到人与人是平等的，对别人尊重，别人才能尊重自己的道理。

管教过严，会使孩子在畏怯中失去自尊。家长应把孩子当作独立的主体，使孩子在平等之中建立自尊。父母不要把孩子当成自己的私有品，用命令的口吻跟孩子讲话，用成人的标准要求孩子。因为过严的管教，会让孩子在畏惧中失去自尊。作为家长应该鼓励孩子与成人争辩是非，大胆发表自己的观点，如果的确是父母的错，父母应坦诚地承认，并向孩子道歉，使孩子觉得父母是尊重他的，自己也应该尊重父母和别人。

第五章

不要伤孩子的心，维护生活中的幸福感

让孩子保持一颗轻松、愉快的心灵，生活才会更加的美好，不要轻易伤害它。

01 你考第一名，我就给你买礼物

小绿这天可兴奋了，因为，他穿着一双崭新的耐克跑鞋去上学了。来到学校里，班里面的同学立刻围观过来，大家都以羡慕的眼光看着小绿脚上的新鞋，纷纷羡慕不已：

“哇噻，这可是最新款的耐克鞋呀！”一个同学忍不住夸奖道。

小绿得意洋洋地说：“算你有眼光，这可是限量版的耐克鞋哟。”

“那一定很贵吧？你爸爸妈妈真舍得花钱！”

“1500元，牛吧！这是我妈给我的奖励，因为我期中考试得了第一名！”小绿大声地向同学们“宣布”这双鞋的来历。

原来，小绿的妈妈为了提高孩子的学习积极性，特别制定了奖励法则。妈妈是这样和小绿说的：“只要你能在测验或是考试中考一百分，那么，你想要什么礼物，我就送你什么礼物。”小绿听到这样的许诺立刻精神百倍，动力十足。这不，一次数学测验就拿到了一双耐克跑鞋。小绿心里面暗自下决心，下周的物理测验也要拿到一百分，那么就可以让妈妈买更好的礼物了。

生活中，有些父母为了激励孩子用功学习，提高孩子的学习积极性，经常用“如果能考一百分，就给你买礼物”这样的话来“鼓励”孩子。这种方法确实有效，绝大多数孩子都会因为利益的驱使而努力用功，就像故事里面的小绿一样动力十足。但是他能坚持到底吗？他是真正从心底喜欢读书吗？当有一天奖励消失了或者不能再满足他了，他还会用功吗？答案是否定的。

当孩子为了获得奖赏而努力用功时，或许真能考个满分，或者十分接近目标。然而这却是一个陷阱。有时候，即使孩子十分用功，却只能考个第二名的话，反而会因为无法获得奖品而闷闷不乐，成绩进步所应该具有的喜悦更是无形中被抹杀了。换句话说，获得奖品比成绩进步更叫人兴奋，而得不到奖品的绝望，却比成绩退步以后自我反省的心理来得深刻。

总之，这种促使孩子达成目标的奖赏太具有功利性了，会使孩子一心想去获得奖品，而忽视了学习的真正意义。因此，若一再采用此法，不仅会降低孩子吸取知识的乐趣，更可能使孩子摒弃读书的意愿，而单纯地为了得到奖励而拼命考第一。金钱的“引诱”只能使孩子步入“为奖而学”的歧途，没有自身推动力也不符合教育的真正目的。

专家建议

父母的职责就在于研究孩子的心理，寻找出根本原因，并且帮助孩子克服。如果只是一味地给予物质引诱，是绝对无法达成促进孩子读书的真正效果的。

用金钱去“引诱”孩子，倒不如先找出孩子不愿读书的症结所在。有些孩子是因为不太喜欢某个学科的老师，连带不喜欢这门课程；有的孩子是因为对某科不感兴趣，不想去学。要让孩子真正用心学习，一定要对症下药，而仅靠金钱诱惑，是无法彻底解决问题的。

对于孩子的学习，应重视精神上的鼓励，通过鼓励加强孩子积极上进的自信心，这远比物质奖励要有效得多。

不要给孩子太大的压力，孩子学习压力大就会有逃避心理，便会厌学逃学，甚至厌世。家长要想方设法减轻孩子对学习的心理压力，让孩子在轻松的氛围中学习、进步。

02 考进年级前五，别让妈妈失望

这天是期中考试的第一天，早上考的科目是语文，茜茜胸有成竹地走进了考场。为了备战这次考试，茜茜在之前的一个月里几乎没有睡过一次安稳觉，每天都复习功课到深夜，因为，她给自己定好了目标，必须在这次考试中冲进前5名！

考试刚进行一个小时，茜茜便心慌得厉害，手心不断冒汗，几乎握不住手中的钢笔。眼看考试就要结束了，自己的答卷还有很多空白，茜茜非常着急，可越这样，心脏跳得更快了，几乎喘不过气来。突然，茜茜眼前一阵黑，昏倒在了课桌上……

茜茜一直是个勤奋努力的女孩，中考时也是以全校第2名考入了市里的重点高中。这是一所全国闻名的重点高中，大家都说，只要在这所高中就读，就没有考不上大学的。而且根据每年高考的成绩看，只要能够保持年级前5名的成绩，那么考入名牌大学基本上是轻而易举的。所以，茜茜当前给自己定的“远大”目标就是始终保持年级前5名。茜茜的妈妈也是常常在她耳边唠叨：“一定要进年级前5名，千万不要让妈妈失望！”

目标是定下了，可实施起来还是有一定困难的。这所高中云集了全市各所中学的优等生，大家的基础都很好，所以，同学之间的竞争是异常激烈的，每个人都是尽自己12分的努力去学习。

茜茜是个不服输的人，她不断给自己打气，这次期中考试一定要进入前5名！数学这门功课是茜茜的弱项，所以，茜茜给自己制定的提高方案便是每天要做50道数学题目，这样一种题海战术的制定是容易的，不过，实施起来还是有些困难。茜茜经常是在题海里奋战到三更半夜，可学习时间太长了，身体自然受不了的。这不，茜茜最近就经常感到心脏无缘无故地发慌，手也会不由自主地发抖，可她总是硬挺过去。但是，考试这一天她终于坚持不住了……

面对激烈的升学竞争，面对那些考不完的试，面对那些年级排名，很多孩子都和茜茜一样没日没夜地复习功课，在题海中“奋战”。可是，当孩子透支自己的体力去学习时，经常出现的情况是，不但没有达到提高学习成绩的目的，反而会影响自己的健康。茜茜就是最好的例子。

茜茜为了不让妈妈失望，没日没夜地学习，就算真的拿到了第5名，孩子的身体却垮掉了，这样的代价太大了。一次考试的排名并不能说明什么，因为每次考试都会有其偶然性存在，可是如果孩子没有在考试中发挥正常的水平，没有取得家长要求的名次，家长就会责骂孩子“不争气”“没有用功学习”。一些孩子经常在日记里面写道：“我恨透了那张考试排名表，因为，每次妈妈看到我的名次略有下降的话，就会很生气，就会把我骂个狗血淋头……”孩子的用功程度并非一张考试排名表便可以说明的。

在学校里，老师看重的是分数；回到家里，父母问得最多的也是分数；亲朋好友来了，问的还是分数。外部世界给孩子的压力已经很大了，有些家长还要再大打感情牌，放出“考进年级前五，别让妈妈失望”之类的话，这会让孩子无形中受到更多的压力，甚至对学习产生厌恶情绪。家长不要给孩子过大的压力，不要单纯地强调考试排名，要注重孩子的进步，哪怕很小也要给予肯定和赞扬。这样，孩子才能在学习中感到乐趣，从而更快地进步和成长。

专家建议

不要把考试成绩和考试排名当成孩子学习的最终目标，要让孩子把心态摆正，考试时，要沉着冷静，不要过于紧张。要让孩子知道，考试排名并不重要，重要的是自己认真对待每一次考试。

不要用“既定目标”压孩子，使孩子不能承受；要用爱的语言、爱的眼神鼓励孩子，如此孩子才会有更强烈的求知欲。

03 老实交待，你们是什么关系

最近，老师在班级里面开展了“一帮一”的活动，就是一个学习成绩优秀的学生帮助一个学习成绩落后的学生。因为小决的学习成绩比较差，老师便把学习成绩优秀的姣姣安排和小决在一起组成互助小组。就这样，两人成为了学习上的“战友”。

在姣姣的真诚帮助下，小决的学习成绩的确有所改善，姣姣开玩笑似地说：“你应该怎么感谢我这个好老师呢？”

小决拍拍胸口说道：“你说要怎么谢都行，总之多亏你的耐心教导。”

姣姣说道：“那么，请我去麦当劳‘搓’一顿吧？”

小决笑着答应：“OK！”

就这样，两人放学后相约到麦当劳吃汉堡去了。说也挺巧的，正当两人在麦当劳餐厅里欢声笑语地说着话的时候，小决的妈妈路过看到了这一幕。

小决哼着歌曲回到家，妈妈立刻审问道：“你从哪里回来的？”

小决回答：“麦当劳呀。”

小决妈妈再次确定自己没有看错了，便继续问道：“我刚才路过麦当劳，看到你和一个女孩子在里面，看起来很亲密的样子！”

小决觉得很奇怪，妈妈竟然会这么清楚自己的事情：“老妈，你不会跟踪我吧？”

妈妈冷笑道：“哼！我是碰巧看到的，你和那个女孩子是什么关系，说说看，什么关系？”

听到妈妈这样的询问，小决感到莫名其妙，又觉得特别生气：“你怎么这么问？能有什么关系？我们只是普通的同学关系。”

妈妈怀疑道：“普通同学？一个男孩子和一个女孩子有说有笑，小决，你和妈妈讲实话！”

小决被母亲的话气坏了：“我们是男女朋友关系，你想听的就是这个，现在满足了吧？”孩子摔门离去。

十四五岁的中学生无论是从生理还是心理上都已经开始从幼稚走向成熟。在交友方面，早已没有了男女界限，甚至还会体验到一种与异性交往的愉悦情感，这本是一种非常正常的情感变化，说明孩子长大了。

可偏偏有的父母就像防贼一样盯着孩子，动不动就喊“你和那个孩子是什么关系，为什么这么亲密？”草木皆兵，这是一种不信赖、不尊重孩子的表现。

其实，孩子只是孩子，对于男女交往，他们想的并没有成人想的那样严重。孩子有孩子看待世界的方法，同样也有着他们处事的原则。男女交往并不一定是在谈恋爱，他们可能是在讨论学习问题，也可能是在交流对一些事情的看法，不过是彼此都有一种如沐春风的惬意罢了。他们根本没想那么多，而只是顺其自然。家长们横加干涉，反倒玷污了这份感情。与之相比，家长那些所谓成熟的、世故的、矜持的，却充满了提防和猜忌的心理倒是不健全的，也是对孩子的不尊重。

作为父母，要充分了解孩子的心理变化，正确对待孩子跟异性的交往。只要是正常的，都应当给予理解和支持。切勿用提防和猜忌的心理揣测孩子，他们需要的是尊重和信任。

专家建议

家长不要总把中学生看做小孩子，不尊重孩子的人格尊严，私拆子女信笺，查看日记，监听电话，动不动就要严加管教，看不顺眼就任意训斥、责骂，还不允许辩解，因为辩解就是不听话、顶嘴、造反，这种做法是极其愚蠢的，只会增加孩子的逆反心理。正确的做法是，尊重孩子自主交往的权利，鼓励孩子在一些健康的活动中和异性交往，增加他们对异性的了解，逐步培养孩子正确的两性交流观。

家长要尊重孩子的感情，如果真的发现孩子有早恋现象，应耐心教育，正确引导，切不可训斥、打骂或当众羞辱，否则将使孩子遭到太大的精神痛苦而引发危险的后果。要告诉孩子，早恋感情虽可贵，但却是无结果的，是不成熟的感情，对孩子们是有害的。孩子在接受父母的教导后，也会在心灵深处用道德的力量来驾驭自己的情感，早恋问题也就会得到恰当的解决。

04 辛辛苦苦把你养大，我图什么

杨杨是个问题学生，不但学习成绩差，而且特别喜欢欺负同学，家长三天两头地被老师叫去学校。可是，面对父母的打骂，杨杨却没有改正的意思。眼看这样下去，这个孩子的前途就要毁了。

这天，杨杨的爸爸又被老师请到了学校，原因是杨杨把班里的一个男生揍了一顿，现在那个孩子还躺在医院里面。那个男生的家长气愤地说，一定要把杨杨送到派出所去。杨杨的爸爸给人家赔了半天的不是，而且又赔偿了很多医药费和营养费才把这件事处理好。派出所是不用去了，可是学校却做出了处理：把杨杨的学籍开除了。就这样，爸爸把杨杨领回了家。

一到家，爸爸就关起门来，对杨杨拳打脚踢，狠狠地把这个孩子揍了一顿，然后大声地对杨杨骂道："早知道这样，当初就不该生你，辛辛苦苦把你养大，我图什么？养你还不如养条狗！"

杨杨咬着嘴唇，对着爸爸吼道：“是，我就是连狗都不如，你不应该生我下来的，你就只会这样经常骂我！”杨杨说完便头也不回地跑出了家门，从此再也没有回来过……

杨杨的确犯了很大的错误，父亲生气也是可以理解的，但再生气也不能说出有损孩子人格的话来。这种践踏孩子人格尊严的做法只能让孩子越来越沮丧，陷入自卑的境地，自暴自弃。

孩子渴望被尊重，首先是得到家长的尊重。尊重孩子，就不能说对孩子有辱人格、有伤自尊的语言。例如“你怎么和猪一样笨！”“你有没有脑子？”……类似于这样的话都应该从家长的语言里消失。

成天指着孩子骂他不如一条狗，轻则让他产生极度自卑的情绪，觉得自己活得没有尊严；重则使一些性格倔强的孩子走上叛逆、不服从的道路，甚至一些孩子对父母产生仇恨，不是自残、自杀就是直接伤害父母，这样的事例也曾经在现实生活中发生。

就算孩子惹了事、闯了祸、犯了错，也要平心静气地批评和引导，不可说出一些刺激性的语言，这些话会给孩子的一生蒙上阴影。

专家建议

批评教育孩子是一门艺术。孩子常常在不知不觉中犯了错误。孩子犯了错误，什么时间去批评他，以什么样的语气批评他，是一门很深的学问。切不可说一些严重侮辱孩子人格的话语，要注意使用鼓励性的语言。若批评的时间、地点、语气不当会刺伤孩子的自尊心。

父母要帮助孩子一起分析错误的原因及危害，这样，孩子才会乐于接受父母的批评教育。批评要有针对性：对于冲动型的孩子，可以等其情绪稳定后再责备；对于理性较强的孩子，可以用商讨形式加以责备；而对于比较敏感的孩子，可以委婉地进行批评。

05 你等着，看你爸怎么管教你

小白是个“欺软怕硬”的孩子，为什么这样说呢？因为，他平时看见爸爸就像老鼠见到猫一样害怕，爸爸对他要求很严厉。可是他却一点也不害怕妈妈，在母亲面前他总是肆无忌惮地吵闹。小白心里清楚，妈妈就像“纸老虎”一样，一捅就破，看到自己犯错的时候，也只会嚷几句：“别吵了，小心待会儿我告诉你爸去，让你爸来管教你。”

这天，小白可高兴了，爸爸从今天起就要去外地出差。小白想，他的幸福日子终于到了，他可以自由自在地偷懒了。放学回家，小白把书包一扔，就躺在沙发上看电视吃零食。妈妈看到了，说道：“怎么，你爸不在家你就反了，是不是？”

小白对妈妈眨眨眼睛：“不是呀，我总要先休息一下再写作业的。”妈妈听见小白这样说，就去忙其他事情了，可是，等妈妈把一切事情都办理妥善的时候，小白还像原来那样窝在沙发里看电视，书包连动都没有动。

妈妈这下可真的生气了："小白，你快点做作业，要说多少次你才听？"

小白懒懒地对妈妈说："马上，马上就写啦！"

妈妈插着腰，威胁道："小白，随便你听不听，反正你爸爸一会就回来，我是不会替你隐瞒的，你看着吧！"妈妈说完还是自顾自地去厨房做饭去了。

生活中，一些母亲总是喜欢把孩子的爸爸摆出来吓唬孩子，似乎爸爸对孩子来说更具有威慑力。这种做法并不科学，这只是拖延了孩子受惩罚的时间。孩子在听到母亲的警告后，不是静心悔过，而是陷入恐慌中，等待爸爸对他的惩罚。等爸爸回来，孩子早已忘记曾经犯过什么错了。再惩罚他，孩子也许觉得很委屈，他会在心里埋怨妈妈"告密"。

此外，这样的做法还有一个问题存在：

如果孩子在母亲面前犯了错误，为什么母亲却说"叫爸爸来管教你"呢？此举莫非在暗示：母亲放弃了教育孩子的主权？而且自己破坏了身为人母的权威性，这同时也告诉孩子，父亲才要畏惧，母亲不足惧的事实。久而久之，孩子可能会在心里轻视母亲的威严的。

邓颖超说过："打骂孩子，使孩子一时表面服从，心里反感，甚至也学着以打骂对待别人。用这种方法，不但不能把孩子教育好，反而损伤孩子的自尊心，养成自卑、胆小、孤僻、撒谎等不正常的性格。"家长打骂孩子，这个行为本身并不会解决任何问题，也起不了教育作用，反而会引起孩子的消极情绪。因此，在孩子出现不良行为时，应该及时禁止和警告，该批评的就批评，并引导改正。

专家建议

在现实生活中，不要让孩子有这样的思维：母亲总是慈爱的象征，父亲总是凶神的化身。父母都有教育孩子的责任，如果孩子不能在犯错时马上认识到自己的错误，这正是教育孩子的最佳时机，父母在场的一方都应该及时教育他改正。

有时候，孩子恳求自己犯的错误不要再告诉别人，父母应该帮他保密，说明孩子已经产生了耻辱感，意识到自己犯错了。教育孩子认识并改正错误才是目的，所以，父母应该理解孩子的心思，替孩子保密，并鼓励他应该大胆认错、自行改正。

06 假货，值不了几个钱

这天，小秀和同学们一起去参加校外的勤工俭学，帮助“红十字会”在街边给人们发传单，辛苦了一整天，小秀和同学们得到了两顿饭的餐费补助，小秀怎么也舍不得把钱拿去自己花，她小心翼翼地把钱放好。

当路过一家精品礼物店的时候，她看到了一枚很漂亮的戒指，小秀心想，这枚戒指妈妈一定很喜欢，不如就把自己平生赚到的第一笔钱拿来给母亲买份礼物吧。于是，小秀美滋滋地拿出自己的钱给妈妈买了戒指。

回到家后，小秀高兴地对妈妈说：“我今天挣到了第一笔钱，我给你买了份礼物。”

妈妈将信将疑地说：“是吗？什么礼物？”

小秀拿着戒指，得意地在妈妈面前晃着说道：“你看，漂亮吧？这可是我精心为你挑选的哟。”

可是，妈妈望了一下戒指，却不屑地说：“这是假的戒指，值不了几个钱，要是我戴上了会被人家笑话的。”

小秀的心情立刻沉入谷底，说不出的失望和难过……

故事里面的妈妈一句“值不了几个钱”，把孩子的孝心全部毁掉了。家长们要知道，不管家庭经济条件如何，孩子自食其力获得的东西对于家庭和父母都是最宝贵的，这些与金钱无关，而是孩子一份心意、一种能力的体现。家长不可以不尊重孩子而劈头盖脸地否决掉。

干活获得报酬，这对孩子而言，可以得到各方面的锻炼和收益。通过勤工俭学不仅能帮助孩子了解社会，增强实践能力，还能使孩子获得一种难得的新体验，家长应该高兴才是。

小小的戒指，未必值很多钱，但它却是孩子一颗爱心，一颗难得的孝心，这颗爱心是稚嫩的，父母在乎它，它就会健康长大；父母忽视它，它就会枯萎；父母打击它，它就会死掉。如果想拥有一个爱父母的孩子，父母一定要珍惜它，呵护它，精心地培育它。

专家建议

当孩子送父母礼物时，不管是怎样的东西，都要满心欢喜地接受下来，因为孩子送的不仅是简单的礼物，而是一颗爱你的心。这说明你的孩子在长大，他懂得了回报父母的爱，你应该感到欣慰才是。父母要及时地给予鼓励和感谢：“这个礼物爸爸（妈妈）最喜欢了，谢谢你，我一定会好好保存的。”

孩子的礼物已经超越了金钱的界限，它是孩子的一颗爱心，一颗自立自强的心和一种全新的体验，它值得家长的鼓励和呵护！

07 不做完功课，不准睡觉

小晴的妈妈对小晴的要求十分严格，无论在学习上还是在生活上都要求孩子做得十全十美，要做到最好，还要做得更好！

小晴倒也很体谅母亲的苦心，在各方面都很自觉，每天不但按时完成老师布置的作业，而且还认真地把妈妈额外交给的作业一一完成。除了学习方面的努力，小晴也用心地学习钢琴，因为，妈妈说过，会弹钢琴的人是优雅的，小晴觉得母亲的话没有错，妈妈所做的这一切都是为了自己好。

可是，人的精力是有限的，现在升上初三了，学习更紧张了，每天有做不完的作业，而小晴又必须每天抽出一大段时间来练琴，她的身体自然吃不消了。最近，小晴越发消瘦了，这都是过于劳累的表现。妈妈却没有意识到这一点，还是不停地嘱咐孩子："要坚持，这都是为了你的将来更好！"

这天，小晴在练琴的时候，实在是太困了，不知不觉睡着了。妈妈看到了这一幕，立刻生气地拍醒她："你这孩子，快醒醒，不练完琴，不准睡觉！这样下去，今后怎么能在社会上立足啊！"

小晴使劲儿地睁开眼睛，继续练起琴来……

在现实生活中，很多父母强迫孩子做一些他们不愿意做的事情时，一般不会拳脚相加威吓恐吓，父母们的杀手锏只有一句话："不做完功课，不准睡觉！"

这句话让孩子根本没法反驳，因为它听起来是那么具有"献身精神"。在这种情况下，孩子即使十二万分的不愿意，也会乖乖地照着父母的话做。因为妈妈都这么"苦心"了，再说不愿意，就有点大逆不道、忘恩负义了。

这种软强迫固然可以使孩子乖乖听话，但长此下去，却对孩子的成长十分不利。当家长如此"苦口婆心"时，孩子一旦没有按照父母的要求去做，就会产生深深的内疚情绪，认为自己违背了父母的良苦用心，辜负了父母的厚望，这种内疚情绪对于孩子幼小的心灵来说是难以承受的，甚至会使孩子感到难以呼吸。

这种方法用的时间长了，孩子就会对父母的苦心产生"免疫力"，对父母诸如此类的申斥置若罔闻。如果孩子的行为令父母不满意，父母再以"苦心"来加以斥责，反而会降低孩子感谢的心意，助长孩子的厌烦情绪。这种厌烦之心会让孩子产生偏见，认为父母付出的爱心是有条件的，要求有所回报，孩子很容易产生失落的情绪，而且很容易加深他们的逆反心理。

专家建议

父母对孩子的爱是无私、无条件、不求回报的。作为家长，应该让孩子自觉地感觉到你的爱，而不是时常提醒他应该感激你的爱。要知道，真爱无言。

也许孩子会理解父母的诸多“苦心”，可是一而再、再而三地向孩子表明你的“苦心”，也许会让孩子反感和厌恶的。

父母对孩子的好多“苦心”往往是一厢情愿，而不是孩子所需要的。因此，父母切忌将自己的思想强加于孩子。

08 别来家里玩，家里不欢迎小朋友

小杜的母亲是个极其喜欢干净的人，家里面的地板和家具总是擦得一尘不染的。小杜和小杜爸爸有时候随便把东西乱放也难免被妈妈说一通。妈妈还特别和小杜强调："不能把你们同学带来家里玩，这样会把家里弄得乱七八糟的。"小杜也只能点头答应妈妈的要求，尽管心里面一万个不愿意。

这个星期天，妈妈要去乡下外婆家一趟，这下可把小杜高兴坏了。妈妈前脚一出门，小杜马上给自己的铁哥们打电话，召集大家来家里玩电脑游戏。

不一会儿，小杜和朋友们就全部聚在了客厅里。大伙儿好不容易在一起玩耍，自然没有顾及到家里的卫生了。这些男孩直接穿着鞋子在小杜家钻来钻去，一瞬间，原本光洁的地板已经布满了脏脏的脚印。大家边吃零食边玩游戏，完全没有考虑到垃圾已经遍布客厅。大家都在开心地玩儿着，根本没有注意时间的流逝。妈妈从外婆家回来的时候，正好看见了一堆人在客厅里面肆无忌惮地玩儿闹着，再看看屋子，也早已是一片狼藉了。

妈妈也管不了那么多了，气急败坏地说道：“小杜，你这是怎么搞的？我早就说过，不要随便把同学带回家里，你把我的话当耳边风了吗？”

小杜吐吐舌头，向伙伴们打了一个离开的手势，大家就这样不欢而散了。

在很多家庭中，都有这样一条不公平的规定：大人可以任意带着朋友回家，而孩子则不被允许这样做。家长们认为，孩子带朋友到自己家里会把家里弄乱，给家庭带来很多麻烦，所以，孩子的这一权利被剥夺了。

不可否认，孩子带着伙伴在自己家里玩耍，的确会带来一些麻烦，常常会把房间弄得乱糟糟的，有时还会打碎东西。爱因斯坦说过：“世界上最美好的东西，莫过于有几个头脑和心地都很正直的朋友。”父母不要因为怕孩子们把家里弄脏乱而禁止孩子带朋友回家玩，这样做不利于培养孩子的社交能力。作为父母，应该处理好相关的事情，教孩子遵守一些串门做客时应该懂得的礼貌，就可以做到既让孩子高兴，又不打扰别人的生活。

孩子把朋友领到家里玩是一种能力，在家里面他可以唱主角，心里面有说不尽的满足感。孩子都渴望有朋友，若父母们禁止他们和朋友、同学自由来往，友好相处，久而久之，孩子会越来越不合群，越来越孤僻。不合群的孩子有着很多困惑和迷惘，时常陷入孤独，容易产生自卑和自负心理。所以父母一定要有意识地开放孩子的空间，让他们与同龄人自由交往。

专家建议

家长们应该让孩子尽情和同伴一起嬉戏玩乐，允许孩子把同学、朋友带到家里来，孩子需要以主人的身份进行与朋友交往的锻炼。但家长应该事先和孩子“约法三章”：“我们不会干预你们之间的任何活动，但你要珍惜爸妈的劳动成果，在玩耍要结束的时候，和朋友一起把你们的‘战场’清理完毕。”这样，既可以让孩子们尽情地玩耍，又可以锻炼他们做事善始善终的能力。

当孩子们领着朋友来家里做客的时候，父母应该热情地款待他们的朋友，把自由的空间留给孩子们，这样善解人意的父母才会得到孩子的尊敬和爱戴。

09 小小年纪，就和我谈隐私

星期天，彩玉准备痛快地玩一天，因为一个星期的紧张学习使她头晕目眩，两眼发花。可是，在她玩累了归来时，发现自己的书包被翻过了。此刻，彩玉立刻想起了书包里的日记本。

果然，日记被妈妈翻看了，不过，妈妈写了留言，表示了自己的歉意，可是彩玉还是感到很气愤，她心想：道歉又有什么用呢？日记写的是我心中的秘密，是我从来不肯泄露的私事，我从没对父母说过，可妈妈竟查了我的书包！

彩玉又羞又愤，决了堤的泪水发狂地流！她找到妈妈大声问道："你为什么偷看我的日记本？这是我的隐私，你知道吗？"可是，妈妈却不屑地说："小小年纪，就和我谈隐私？你的事情我都有权利知道。"

彩玉忍着泪水再也没有说话。

从此以后，彩玉极少讲话。几乎一回家就是关紧房门做作业，吃饭只盯着自己的碗和菜。日记也不写了，她把日记本放在了同学家的抽屉里，请同学保管。现在的彩玉宁可信任同学也不信任父母了！

据调查，大多数的家长都“偷偷”翻看过自己孩子的书包，偷看自己孩子的日记。一项专项调查结果显示，70%的孩子都强烈反对父母偷翻自己的书包，偷看自己的日记。

父母为什么这么“喜欢”偷看孩子的日记，归根到底就是父母和孩子之间产生了矛盾，是父母在与自己孩子的“沟通”上产生了问题。孩子们因为苦于跟父母沟通，于是就把自己的苦衷写在日记里。父母们因为感到孩子跟自己的沟通越来越少，才“被迫”采取了偷看的方式。

孩子到了一定的年龄，就会形成独立思考的能力，不希望自己的心灵空间受到侵犯，这是孩子走向成熟的一种体现。父母要充分尊重孩子的隐私，要把孩子当做一个完全独立的、有自主人格的人来尊重。

很多家长认为孩子写在日记中的内容是孩子最真实的心灵写照，可以最准确地反映出孩子的思想，判断孩子是否有早恋等等苗头。所以，翻看孩子的日记是教育的需要。但窥探孩子的隐私真的有助于家庭教育吗？

事实并非如此，这种行为除了会导致孩子的强烈反抗，加剧孩子的逆反心理以外，还会使孩子对父母产生极大的不信任。当孩子不再信任父母时，父母所说的话，即使是很好的建议，孩子也会拒绝接受，并且也会彻底关闭与父母沟通的心灵之门。

真正要了解孩子的思想和行为，要从正面的渠道——与孩子建立畅通无阻的沟通来实现，这样才能取得好的教育成果。

专家建议

父母切不可随意偷看孩子的日记，这是孩子们最反感的事情，一旦偷看的事情给孩子发现，那就是亲子关系不可缝合的伤口。父母一定要尊重孩子的隐私权，给予他们自己私有的成长空间。

父母有什么对孩子的疑问和看法，应该通过和孩子沟通获得信息，孩子并不是不喜欢向父母袒露心扉，而是有时候家长的做法让孩子无法接受罢了。

10 别乱告状，和朋友好好相处

星期天，权权和表哥一起在院子里面踢足球，表哥总在炫耀自己“高超”的球技，一会儿一个倒勾踢球，一会儿一个凌空射门，简直令人眼花缭乱。表哥擦擦汗，对权权说道：“要不要见识一下什么叫大力抽射？”权权崇拜地说：“好呀！”只见表哥用力一踢腿，球立刻飞了出去，“砰”的一声，球正好砸到了邻居家的玻璃。

“是谁干的？”邻居立刻冲着窗外大吼。

表哥一把抓着权权的袖子，说道：“快把头低下来，否则被抓到就惨了！”

就这样，表哥和权权一溜烟地跑回了家。

回到家，权权问表哥：“我们应该和邻居赔礼道歉的，不是吗？”

表哥回答：“你疯了吗？那不是找骂吗？”

这会儿，妈妈正好过来，便询问到：“你们在谈论什么呀？”

权权如实作答："表哥打碎了人家的……"表哥没等权权把话说完，就捂住了权权的嘴巴，说道："呵呵，他就喜欢告状。"

妈妈看着两个人，也没多问，就随口说道："别乱说呀，好好和表哥相处。"

权权冤枉得眼泪都快流下来了……

孩子的道德观念是在家庭学校的生活环境中，以及父母、教师等的影响熏陶下逐渐形成的，父母和老师的赞许或谴责、肯定或否定，是他们道德判断的最高标准。在他们眼里，父母是可以依赖的、公正的"法官"，所以遇到矛盾就向"法官"请求公正裁断。这是他们的年龄和心理特征决定的，没有出卖别人的目的，与成人间的告密是根本不同的。

所以，当孩子告状的时候，父母首先要使孩子的情绪稳定下来，让孩子将事情的经过讲清楚，找出真正的原因。切不可一味谴责孩子，不信任孩子。如果两个孩子之间起了纠纷，父母也不要听到孩子告状就愤怒地谴责另一方。小题大做和盲目冲动都会强化孩子的告状行为，使孩子形成不良性格。

其次，在孩子反映情况的基础上，父母应该进行必要的调查和核实，利用自己"法官"的身份，耐心地分析和教育孩子，要让他学会对自己和他人的行为进行判断，以促进其客观评价事物能力的提高。

专家建议

对孩子的告状行为要具体问题具体分析，耐心地和孩子沟通，详细了解事情的原委，对整件事情进行公正地评断。

孩子能向父母告状，说明他十分地信任父母，坚信父母能够帮助其主持正义，所以，父母切不可敷衍了事，把孩子告状的事情不当一回事，这样会降低孩子对父母的信任度。

11 你太难缠了，真烦人

王菲的新专辑上市了，唱片公司为了做宣传还专门出售了1000套有王菲亲笔签名的限量版CD。这对于王菲的超级“粉丝”——小咏而言，可是一个天大的喜讯，她发誓一定要买到这张CD。可是这样的CD不是一般人能够买到的，因为市面上基本没有卖，这些CD都是送给一些媒体记者和电台DJ的。小咏知道妈妈认识一个电台DJ，便决定向妈妈求助。

回到家，小咏想立刻拜托妈妈这件事。但不巧的是，这天妈妈的几个朋友正好来家里做客，妈妈正和他们聊得不亦乐乎。小咏实在着急CD的事情，所以就直接当着客人的面哀求妈妈这件事了：“妈妈，你一定要马上给那个电台的阿姨打电话，要不就来不及了。”

妈妈皱着眉，说道：“没看见我正在和别人说话吗？怎么这么没有礼貌！”

小咏也不管了，继续催着妈妈打电话："就这一次，晚了就拿不到CD了。"

妈妈推开小咏，喝道："你真是个招人烦的孩子呀，回你房间去！"

小咏的脸顿时红了起来，在场的客人也很尴尬。

故事里面的小咏由于对CD求之心切，所以才在客人面前哀求母亲帮忙办事，可是，妈妈却毫不留情地拒绝了孩子，还当着大家的面喝骂孩子"难缠"，这样一定会极度伤害到孩子的自尊心。

批评和拒绝是一种微妙的教育艺术。高明的批评会产生意想不到的奇迹。所以父母应该学着把批评艺术化，而其中极为重要的一点就是不要伤害孩子的自尊。正确的教育方式是应该在尊重孩子的前提下，轻声细语地和孩子讲道理，保护孩子的自尊心。像故事里面的母亲，大可不必在人前对着女儿大吼大叫，不妨心平气和地对女儿说："等妈妈招待完客人再帮你打电话试试，好吗？"这种方式比大声、严厉地训斥更有威力。

父母在对孩子进行批判时，要遵循两个原则：

其一，避免孩子在他人面前的难堪。

其二，能保持亲子之间的亲密关系。

一般来说，许多父母大声训斥或是批评孩子之后，都会难受大半天，一方面是为孩子的行为生气，一方面总后悔不该对孩子发火。其实，即使父母的意见完全正确，也不应该肆意在众人面前训斥和大声责骂孩子，而应该让孩子觉得父母始终是最可信任的亲人。

专家建议

家长批评孩子的时候，不要当着别人的面，尤其应该避开客人和孩子的朋友。在客人和孩子的朋友面前批评孩子，会让客人或孩子的朋友觉得尴尬，同时会大大地损伤孩子的自尊心，而且往往会引起孩子的抵触情绪，这样让孩子觉得以后没有脸面面对这些人。

每个人都有自己的自尊心，孩子和成人一样同样要求人格上的平等和尊重，因此，教育孩子时，不要说有损孩子自尊的过头话，以免伤害他们的感情。

12 嘴巴那么大，眼睛那么小

小研是个爱美的姑娘，虽说长得不是特别漂亮。这天，小研穿上了新买的裙子在镜子前不停地转圈，左照照，右瞧瞧，自我陶醉着。这时，妈妈因为要赶着出门，也要照镜子，便大声地对着小研说道："快让开，你都照了老半天了，还不够？"

小研抿嘴一笑："呵呵，不够，一天都不够！"

妈妈笑着说："你还真是爱美呀，这会儿应该去写作业了吧？"

小研说道："早就写完了。妈妈，我是不是很漂亮呀，像不像张曼玉？"小研期待着妈妈肯定的回答。

可是妈妈却噗哧一笑，说道："你还真是臭美呀，你的嘴巴那么大，眼睛那么小，哪点像人家张曼玉了？"

小研的好心情立刻全部消失，气鼓鼓地转身回到了自己的房间。

现实生活中，很多父母常拿孩子的相貌和身体缺陷逗乐取笑，或者在生气时冷嘲热讽。父母们觉得孩子还小，还不知道什么是美，什么是丑，所以，说一说也无所谓，但事实上，这些负面的评价都会损伤孩子的自尊心，伤害孩子的心灵。

对于孩子来说，父母对自己相貌的评价具有绝对的权威性，因为自己继承了父母的某些外貌特征，如果连父母都说自己的外表有缺陷，那么还有谁欣赏自己的外表呢？如此，当父母肆无忌惮地对孩子评头品足的时候，孩子的心灵已经受伤了。如果是一个成人，自尊心受了损伤，可以采取反击——向对方发火，或自我安慰一番来抚平伤痕。可孩子却难以做到这些。在父母面前，他们没有反驳的能力，听了父母嘲笑自己的话，会认为自己很丑陋，不会有人喜欢，于是陷入深深的自卑。

每一位父母都要记住：孩子的外貌不会因父母的嘲笑而改变，但孩子的内心却因父母的评价而改变！

不要苛求孩子的相貌，不管孩子漂不漂亮，都不要把注意力全集中在他的外表上，应侧重对他的内质进行评价。家长应当鼓励孩子肯定自己，从外表到内心，建立自我的感觉，这也是自信的一部分。

专家建议

不要对孩子的相貌随意评断。父母一个漫不经心的取笑可能会使孩子多年不快。父母若说他的鼻子太塌或是脚太短，他们可能终生讨厌那部分。

对那些长相一般的孩子，父母应该找出他们的优点，并指给他们看：“你笑起来很迷人”“你的举止很文雅”，这样可以增强他们的信心。

不要拿孩子的相貌和别人作比较。不要说自己孩子比别的孩子丑，也不说他比别人漂亮，不要使孩子过于注重自己的外表。不使孩子过分注重自己的相貌，不等于不让孩子打扮、不培养孩子对美的追求。在一个丰富多彩的社会里，每一个人的生活与个性都应当是有格调的。

13 看好你的东西，别随便借给别人

晓风在学校里面没有什么朋友，因为没有一个人喜欢和“铁公鸡”交朋友，晓风就是大家口中的“铁公鸡”。同学们都说他是个自私、小气的人，有什么东西从来不借给别人，就连上课做的课堂笔记都不会随便借给同学看。因此大家都不喜欢和晓风打交道，所以，晓风没有朋友也就不足为怪了。

晓风的抠门并不是天生的，完全是受妈妈的影响。晓风小的时候，妈妈害怕别的孩子把晓风的玩具弄坏，所以常常嘱咐孩子：“不要把你的东西借给别人，知道吗？”就这样，晓风把妈妈教的这个“好习惯”保留了下来。

那天，几年不见的叔叔从老家来看望晓风一家。因为爸爸上班还没有回来，妈妈正在厨房做饭，没有时间陪叔叔，叔叔一个人在家里挺无聊的，所以就在晓风的电脑上玩游戏。晓风回来看到叔叔在占用自己的电脑，立刻跑过去，对叔叔说："不要碰我的东西。"叔叔被孩子这么一说，感到很困窘，不知道说什么好，闻声赶到的妈妈也感到特别的尴尬。

在孩子成长的过程中，很多父母出于种种原因，经常向孩子灌输"不要把你的东西借给别人"的错误观点，因而使孩子形成了自私的性格。还有一些独生子女的家庭，做什么事情总以孩子为中心，忽视了对孩子进行共享教育，结果导致孩子在与同龄人相处时感到困难，难以融入集体和社会。在这样的孩子眼中，自己拥有的东西只属于自己，不能与人分享。

不管什么原因导致孩子的自私，父母都要严肃对待，千万不可对孩子自私的行为纵容与放任。父母要让孩子学会分享，要让孩子明白分享不等于失去自己拥有的东西，告诉孩子体会到和别人分享自己拥有的东西是一件快乐的事情。与人分享能帮助他人，而帮助了他人自己也会得到快乐。父母还要让孩子学会体谅和理解他人，享受共享的快乐。

在生活中，父母还要及时鼓励和强化孩子的共享行为，例如当孩子把书借给同学时，家长要及时给予肯定："把书借给同学看，表明你很大方，这样他会很感谢你的帮助，你同时也感到了快乐"，对于孩子来说，保持纯真和善良同取得好成绩一样重要。

专家建议

鼓励孩子上学、放学和同社区的孩子一起走，一起玩，一起做作业等等。孩子与朋友的关系密切了，他自然会懂得分享的重要和快乐。

让孩子参加一些需要合作的活动，比如足球、排球，还有合唱队、兴趣小组等等，这些活动都要多人共同合作。参加这些活动，孩子会在与他人的合作中找到快乐，也逐渐懂得更好地与人合作、与人共享的重要。

14 你居然敢来批评我了

安安拿着期末考试的成绩单回家找爸爸签字。

爸爸看着安安的名次又退步了，生气地对安安说：“别人每次考试都是进步好几名，就你退步，你是不是比别人笨呀！”

安安压力本来就很大，听完爸爸的训斥之后心里更愤愤不平的了，对爸爸顶撞道：“我不行，你聪明，你当年就可以回回考第一，年年当班长吗？”

爸爸听到安安的这种话，大感脸面无光，对安安呵斥道：“你居然敢来批评我了？”

许多家长望子成龙望女成凤，他们希望自己的孩子可以是同龄人中最好的那一个，可是，父母当年做不到的事，何必去苛求孩子呢？只要孩子努力了，父母就应该给予赞扬。很多时候天才不是天生的。过多的批评、指责只会让孩子产生逆反心理，更会让孩子觉得“父母只是把自己无法完成的愿望强加在下一代身上。”

“我们必须会变成小孩子，才配做小孩子的先生。” 这是著名教育家陶行知先生说过的一句话。

以家长的身份来压制孩子，伤孩子的自尊，动辄打骂孩子，这是最不可取的，而应以平等的身份与孩子沟通，耐心倾听孩子的想法，成为孩子最亲密的朋友。

一些父母对孩子像上级对下级那样，一味地向孩子灌输自己的观点和权威，无视孩子的意愿、想法。当与孩子的意见不合时，强迫孩子按照自己的要求去做。对于这样的父母，他们不仅得不到孩子的认同，还容易引起孩子的反感，当孩子产生独立意识的时候最喜欢反抗这样的家长。正是这个原因，很多孩子都喜欢与家庭以外的成人交往，因为那些成人对待他们很像同辈，而孩子在家庭中往往就感受不到这种气氛。

随着孩子的年龄增长，孩子与父母的代沟越来越大，有些事情宁愿告诉同学和好朋友，甚至上网倾诉，也不愿向父母吐露。这是孩子们的普遍心理：他们认为自己大了，成熟了，应该独立了，应该与父母站在同等地位而不是仰视父母。这个时候的父爱母爱会让他们觉得沉重，他们会觉得自由受到了束缚。

此时，要拉近与孩子间距的办法就是成为孩子的知心朋友，在这过程中，应该认真思考自己要做什么以及怎样做才能让孩子真正接受自己。家长一定要持有恳切的、真诚的，不能有丝毫的虚假态度，这就要求家长先在孩子面前坦开心扉，告诉孩子自己的真实感受和想法。比如，当我们工作上受到挫折时，当我们受到家人和朋友、同事的误解时，可以告诉孩子我们很伤心；当孩子做错事让我们很伤心时，我们可以坦然地向他表达自己的真实感受。心与心的交流，会让父母和孩子之间的问题迎刃而解。

专家建议

孩子在家庭中扮演的虽然是子女的角色，但我们都是一个个体，他们同样有价值和尊严，同样应该受到尊重，因此，父母和孩子的交往应该是民主和平等的，而不是独断的，在生活中尊重孩子，既要与孩子真诚沟通，又要把孩子放在一个与自己平等的角度来与之交往。

孩子在遇到困难时第一时间想到的应该是家里人，应该是爸爸妈妈。这是孩子信任父母的标志。因为他们知道家长很信任他们，能给他们一个安全的港湾，一个满意的答复，因此孩子愿意把内心中的秘密透露给我们，并乐意让家长分担他的喜怒哀乐。

15 别问这些不要脸的事情

爸爸妈妈领着牛牛去张阿姨家做客，爸爸妈妈和叔叔阿姨在客厅坐着说话。牛牛在一旁看动画片，过了一会牛牛就看不进去了。他开始听爸爸妈妈的谈话。

妈妈对张阿姨说："你们在一起两年了，终于要有宝宝了，是男孩还是女孩啊？"说着摸了摸张阿姨圆滚滚的肚子。

牛牛听到后很是好奇，走到张阿姨身边，歪头对妈妈说："为什么叔叔阿姨在一起，才会有宝宝啊，张阿姨和叔叔是怎么在一起才会有宝宝？我和我们班的婷婷在一起也会有宝宝吗？"

妈妈听到牛牛问的话很尴尬对牛牛训道："别问这些不要脸的事情，去看你的动画片。"

当孩子的性知识还是一张白纸的时候，"第一次"涂抹的颜色最为重要，如果父母不能给予孩子科学的性知识，无法满足孩子的好奇心，孩子就会寻找其他渠道如：和小伙伴交流，上网搜查，以此获取不科学、不健康的性知识。因此，对孩子性教育的及时科普很重要，以免让不健康的知识误导孩子。

孩子对于不了解的事物都会抱有好奇心，包括对性的问题。但是孩子会觉得这个问题比较敏感，很多孩子不愿意问父母。有些大胆的孩子主动问家长，可是很多成年人也羞于启齿，含含糊糊不能给孩子解释清楚。更有甚者会觉得，孩子学坏了，不走正道才会问跟性有关的问题。

所以，许多孩子对性的概念不是来自学校、父母，而是在从书刊影视或者是和同伴交流中得来的。但是这些渠道得来的性知识往往会歪曲孩子的性观念，很多性心理障碍患者，其病因根源都在童年时期，所以，对于儿童和少年时期的性教育，父母应积极参与，使孩子从小就得到正确的性教育。

青春期的孩子随着生殖器官的逐步发育，开始有了性意识。关于性话题此时的孩子会表现得非常敏感。这时的父母就要对性话题采取恰当的态度，父母若对关于性的话题采取回避的态度很容易让孩子把性与不好、甚至是“坏”联系起来。即使在性发育过程中孩子会有许多困惑、不解。但是孩子害怕父母认为他是坏孩子而不敢向父母寻求帮助。即便是父母主动关心、过问，孩子也会本能地予以回避。

事实上，当孩子主动询问父母性知识，如为什么女孩子没有小弟弟，或抚摸自己的性器官，参与性游戏的时候，父母就应该开始着手孩子的性教育了。

孩子半成熟阶段的敏感心理，父母应给予理解和尊重。对于孩子的性教育采取孩子能够接受的迂回方式，在谈关于性的话题时，要寻找恰当的时机。如：孩子的主动询问，女孩子的初潮，男孩的首次遗精，或者电视上播放的关于性的新闻，这些都为一个好的契机。父母在日常的生活中很自然地为孩子普及性知识、性道德教育，这样的方式更容易为孩子所接受。

专家建议

孩子在7~14岁期间，家长就可以对孩子进行较系统的性知识教育。对于青春期之前的孩子，谈论性的话题可以借助童话、自然现象、寓言故事，用比喻拟人的语言将性知识普及给孩子。

关于孩子的性教育，父母可以制定一些计划，比如什么时候教导孩子辨别性别、身体器官及功能。用什么样的方式告诉孩子，他们生命的来临是基于父母的相爱。协助孩子们了解身体成长，生命诞生的相关知识。最为重要的是，父母要不时地澄清传媒向孩子传送的正确及歪曲了的性讯息。

16 你让大家说说，你这么做对吗

佳佳和爸爸妈妈去爷爷奶奶家过年，姑姑叔叔几家人也在。

妈妈和姑姑唠嗑的时候抱怨佳佳自从上了初中就开始喜欢打扮，每天说她也不听，成绩也下滑了。

妈妈越说越生气，正巧看见佳佳又在照镜子梳她的刘海儿。

妈妈把正在梳刘海儿的佳佳叫到全家人面前，说："你们看看她，成天就知道弄她的破头发，你这头发能弄出花吗？你最近的成绩都下滑了你知道吗？你让大家说说，你这么做对吗？"

看着全家人对佳佳不赞同的目光。佳佳又恼怒又羞愧，涨红了脸，甩开妈妈的手，哭着跑进卧室。

给孩子留有尊严，就是给孩子留有改正错误的余地。孩子是一个有思想，有感情的个体，他们一样有自尊心，甚至有些时候比大人的上进心和荣誉心更强烈。一些家长发现孩子的错误，瞬时暴跳如雷，不管场合、地点对孩子一顿训斥，这样的行为只会让孩子胆怯，进而失去自尊心和上进心。

孩子的心灵纤细敏感，家长任何的行为举止，都可能对孩子产生刺激，让孩子自尊心严重受挫。长此以往，家长要想和孩子在感情上融洽的沟通就比较困难了。

是个孩子就必然会犯错，大人应该给孩子犯错误的权利，孩子犯错不怕，只要他愿意改正就还是好孩子，就值得父母肯定。所以在面对犯错误的孩子时家长要用温和的态度，用身边点点滴滴的小事，同孩子阐明道理。用这种细水长流的方式，让孩子在不知不觉中接受家长的教育、意见，从而意识到自己的错误，并改正它。

保护孩子的自尊心，有些时候在众人面前圆一些适当的谎言也是可以的。在外人面前，家长应该给孩子足够的面子，不要过分地批评或讽刺孩子。孩子对自尊刚刚产生意识，如果在这个时期不顾他的颜面，将他的隐私公布于众，这不仅不能帮助孩子意识到错误，还会让孩子对家长产生极度不信任感。长此以往，孩子会与家长产生隔阂。

专家建议

孩子是一个独立的个体，他拥有自己的思想，自己的人格，他不是父母的私有品。不少父母认为孩子有了自己的见解，并与父母顶撞，就专制地认为孩子是“叛逆了”。其实，敢于向家长提出自己的见解，恰恰是孩子信任父母的一种表现，孩子只有在最亲近的人面前暴露真实的一面。如果家长只是因为自己脸面挂不住，责骂训斥孩子，而不好好地思考孩子的话，只会让孩子把自己心中对家长敞开的那扇“心灵之门”给关上。

对于孩子的见解，家长应该持有鼓励的心态，引导孩子大胆发表自己的见解，并鼓励孩子与家长讨论问题。如果家长自身有问题，家长应坦诚地承认，并向孩子道歉。用这种方式让孩子意识到父母是尊重他的，这样，他就能够明白自己也应该尊重父母和别人。

17 这像是你这么大的孩子做的事儿吗

五岁的彤彤和妈妈坐火车去姥姥家，车程长达四个小时，彤彤被妈妈哄睡没多久就醒了。

坐在妈妈身边半个小时后就忍不住扭来扭去，一会儿要吃东西，一会儿要玩儿玩具，过了一会儿看火车还没到站，就哭着喊要回家，不想坐车了，要回家看动画片，不要去看姥姥了。

全车厢的乘客都看向妈妈和哭泣的彤彤，妈妈劝说了好一会，发现彤彤哭得更厉害了。

妈妈生气地给了彤彤一巴掌对彤彤训道："这么不懂事，这像是你这么大的孩子做的事儿吗？"

当一个5岁的孩子因为得不到自己想要的东西而哭，或者一个4岁的孩子拒绝在爷爷奶奶家过夜的时候，家长不要觉得他不懂事，因为他就在做他这个年纪应该做的事情，如果他表现得懂事、成熟、得体，父母当然十分满意；可是如果他表现得蛮横，不停地哭闹，家长也不要马上说出责备的话。因为首先你要弄清楚，你是真正关心他的感受，注重他的成长，还是仅仅因为他的表现带给了你难堪或者尴尬。

面对孩子缺乏自制力的行为表现时，父母一定要细心，保持冷静的劝说。当然也可以用表情、眼神、动作等，细致、准确地表达出对孩子的批评、赞扬、赞同等不同态度。采用这样无声的表达方式往往会比父母的直接言语，动作指示有效得多，这种温柔的表达方式会给孩子一种无声的滋润，让孩子更易于接受。

与此同时对于孩子的教育方法父母也应该反省一下是不是正确的，孩子对于自己的态度和方法是不是心悦诚服。那些给孩子制定的规定是不是有些过头了，让孩子束手束脚了。只要父母不采取粗暴的态度对待孩子，心平气和地和孩子进行交谈，在交谈中发现问题，那么一些不良习惯会自然而然的改掉，孩子也会逐步成为一个具有较强自制力的人。

人一生中有两个重大任务，一是自我发展，二是自我控制。自我发展的基础是自我控制，换句话说，没有控制的发展只是随波逐流的放纵。自我控制的主体就是“自我”，因此父母对于孩子千万不能管教太多。父母在培养孩子自我控制能力的时候切忌急躁，因为这是一个艰苦的过程。所以，父母要有耐心，慢慢地培养孩子。当孩子可以自主地完成某一目标时，他就会取得极大的成就感，这会提高他的自尊和自信心。

随着孩子的不断成长，父母会面对各种各样的问题。父母难免会感到挫败感。但是父母千万不可以因为这一时的障碍，而造成父母的心病。父母需要有个端正的态度，正确、理智地对待和解决孩子的问题。要知道天下没有不犯错的孩子，也没有不能解决的问题。其实父母对于孩子的最大帮助就是当孩子在人生的岔口迷茫时，帮孩子拨乱反正，给孩子合理的引导。

专家建议

对于孩子不正当的举动，父母要及时发现，不要等到孩子已经造成错误的时候再对孩子提出批评，而是要在错误产生的萌芽时期，就挺高警惕将它掐灭，用适当的体态语言来暗示，提醒孩子。这种方法既保护了孩子的自尊心，又阻止了孩子失礼的行为。

为了孩子更好的成长，在日常生活中家长可以给孩子制定一些规则，但是切记这些规则不可以太过详细，太过详细的规则会使孩子变得死板，损害孩子的独立性。因为太过听话的孩子往往会缺乏创造性和开拓性。所以父母在为孩子制定一些准则的时候，一定要拿准尺度。